미스백

시나리오

미쓰백

각본 이지원

여는 글

이 여정의 시작은 겨울이었다.

워드의 빈 페이지를 열어놓고 망설이던 내 손가락이 써 내려갔던 글. 고통받던 옆집 아이를 외면한 비겁했던 자신에 대한 참회록처럼, 전할 수 있을지 없을지도 모를 사과의 마음을 담은 구구절절한 편지처럼, 무작정 써 내려가다 문득 그 파일의 제목을 〈미쓰백〉이라, 그 세 글자를 표지에 적고 한참을 바라보던 그날의 공기를 기억한다. 그리고 여정의 중턱, 글로만 존재하던 상아와 지은이 촬영장에서 마주보던 모습을 바라보며 코끝이 찡하던 그곳 역시 겨울이었으며, '여는 글'을 쓰고 있지만 아이러니하게도 '이것이 이 여정의 끝이겠구나' 어렴풋이 느껴지는, 또다시 찾아온 겨울. 그렇게 〈미쓰백〉의 마지막 겨울에 섰다. 돌이켜보면 짧고도 길었고, 아팠지만 행복했고, 험난했지만 기적 같던 겨울의 나날.

영화, 그 성스러운 것을 꿈꾸게 된 대가로 근 10년을 한 치 앞도 보이지 않는 삶의 미로를 헤매다 가시밭길 끝에 〈미쓰백〉의 촬영장에 서게 되었고, 겨울의 차가운 공기를 온기로 가득 채우던 배우와 스태프의 모습을 바라보다가 문득, 그렇게 오래 짝사랑해왔던 영화가 이제야 나를 돌아봐준 것 같아, 가슴 한 구석이 찌르르하고 뭉클해져서 소리 내어 엉엉 울고 싶었던 순간이 있었다. 그렇게 이 영화를 함께 해준 사람들과 이 영화의 모든 공기와 순간을 참 많이 사랑했다.

아프고 슬픈 이야기였고 열악한 환경에서 힘들게 뿌리 내리고 싹 틔운 작품이었지만, 이 영화를 알아봐주고 손 내밀어 다가와줬던 배우와 스태프의 진심이 내가 써 내려갔던 건조하고 분노에 차 있던 시나리오에 온기를 불어넣었고, 그렇게 완성된 작품은 투박하지만 투명하고 따뜻한 사랑과 진심의 생명력을 갖게 되었다. 그래서 〈미쓰백〉은 어쩌면 치열했던 작업의 과정이나 데뷔작의 의미를 지니는 작품으로 기억되기보다, 먼 훗날 떠올리면 마치 애틋했던 첫사랑의 기억처럼, 머리보다 심장이 먼저 반응하는 그런 감정의 기억으로 남을지도 모르겠다.

능력이 검증되지도 않은 데다 말까지 툭툭 내뱉는 거친 캐릭터의 신인 감독과 시나리오 하나만 보고 용기 있게 뛰어들어서 끝까지 믿어주고 존중해주고 그 모든 것을 감당해줬던 한지민, 수많은 오디션에 다 탈락해서 태어나 한 번도 카메라 앞에서 연기한 경험도 없는 데다 앞니까지 빠져서 빙구 웃음 짓던, 그러나 끝내 포기 않고 이 영화를 찾아와준 당시 아홉 살 김시아, 장섭 이름이 불꽃(燮)이었던 만큼 불꽃 열정으로 늘 버팀목이 되어줬고 편집에서 홀대받는 과정에서도 서운한 마음 내비치기보다 씩 웃으며 소주 한잔 기울여주던 너그러운 이희준, 혹독한 다이어트와 모진 디렉팅에도 보란 듯이 더욱더 집념을 불태워준 권소현, 묵묵한 열정과 타고난 재능으로 늘 현장이 빨리 돌아갈 수 있게 견인해줬던 백수장, 소녀 같은 웃음으로 현장에 오셔서 카메라만 돌아가면 온 스태프를 울리셨던 장영남 선배님, 천재적인 아이디어와 늘 연기를 갈망하는 진심까지 갖춘 천상 배우 김선영 선배님 이하 이 영화에 출연해주시고 부득이하게 삭제된 신에서도 열연을 펼쳐주신 배우분들… 엔딩 크레딧에 '등장순'으로 여러분의 이름을 기록한 감독의 진심이 전해졌길.

돌이켜보면 내가 투자 담당자라도 이 작품을 선택하지 않았을 것 같은 불안 요소가 산재해 모두에게 외면당했던 이 영화에 과감한 승부수를 던져줬던 김도연 팀장님과 CJ ENM 식구들, 배급 과정에서도 역시 혹독한 과정을 거쳐야 했던 냉혹한 시장에서 끝까지 포기하지 않고 작품을 믿어주고 지지해주었던 권지원 대표님, 윤정희 팀장님 이하 리틀빅 픽쳐스 식구들, 감독과 스태프들에게 늘 따뜻하고 너그러운 모습으로 다가와주었던 이정욱 대표님, 바쁜 와중에도 늘 든든하게 지원해주었던 손석우 대표님, 최재원 대표님. 촬영장에선 든든한 엄마처럼, 촬영이 끝나고 1년 반이 넘도록 배급이 잡히지 않아도 끝까지 감독 옆을 지키며 매번 편집본에 눈물 흘리고 진심으로 작품을 사랑해줬던 강가미 피디님, 전날 늦은 밤까지 함께 콘티와 동선을 짜고도 다음 날이면 현장에 항상 먼저 나와 있던, 배우의 감정을 핸드헬드로 가장 잘 담아내는 감성의 강국현 촬영감독님, 자신의 미학적인 욕심보다 현장이 원활하게 돌아가는 게 늘 먼저였고, 어떤 위급한 상황에도 모니터 뒤에서 늘 웃음을 잃지 않고 항상 함께 해주었던 정해지 조명감독님, 저예산의 열악한 상황 탓에 지은의 집 세트를 지을 수 없다는 소식에 '감독님 끝까지 포기하지 마세요'라는 문자와 함께 사비로 세트비를 충당하고 완벽한 세트를 구현해주어서 날 울렸던 이나겸 미술감독님, 지은의 흉터와 상처 특수분장 때문에 잠도 제대로 못 자고 늘 새벽같이 현장의 불을 가장 먼저 밝혔던 최민선 분장실장님, 감독의 무리한 요구에도 늘 감각적인 비주얼을 더해 의상을 재현해주었던 최의영 의상실장님, 기술적인 것보다 늘 시아가 상처받지 않는 것이 가장 먼저였던 윤석진 무술감독님, 오랜 현장 경험으로 배우들의 대사 토씨 하나까지 생생하게 살려주었던 김지환 녹음기사님, 1년 반 넘는 시간 동안 70가지가 넘는 편집본이 나올 때까지 인내와 너그러움으로 버텨준 한영규 편집기사님, 어려운 후반 작업 속에 복합적인 감정의 신들을 마법처럼 살려준 모그, 이은주 음악감독님. 시작 단계부터 나와 이 영화를 믿어주고 끝까지 지켜준 우리 연출부, 제작부 이하 크레딧에 올라가는 전 스태프들… 모두 정말 고맙고, 또 고맙다.

딸의 영화를 향한 무모하고 기약 없는 여정에도 포기하지 않고 늘 응원을 아끼지 않았던 부모님과 가족들. 배고플 때 밥 사주고 술 사줬던 친구, 지인들에게도 감사드린다.

마지막으로 이 영화를 외면하지 않고 알아봐주고 사랑해주고, '영혼 보내기'라는 신조어까지 탄생시키며 꺼져가는 불씨를 살리는 기적을 보여주었던 관객 여러분, 온 마음으로 감사드린다. 자신의 어린 시절 아픔을 치유받은 것 같다며, 감히 당신께 어떤 기억일지 어떤 마음일지 헤아릴 수조차 없는 비루한 내게, 이 영화를 만들어 줘서 감사하다며 손을 잡고 눈물을 흘리던 당신들. 그 손의 온기와 그 진심 어린 눈빛을 아마 평생 잊지 못할 것이다.

이곳에 나열한 모든 이들의 진심이 부디 잔잔한 파도가 되고, 아주 옅은 물결이라도 되어서 지금도 어딘가에서 숨겨져 고통받고 있을지 모를 또 다른 상아와 지은을 찾아가길.

그때 내가 외면할 수밖에 없었던 그 아이가 있는 곳이 부디 따뜻하길.

2019년 1월

이지원

미쓰백

각본 이지원

일러두기

- 이 책의 일부 표기와 맞춤법은 작가의 의도를 따른다.
- 이 책에 등장하는 용어의 의미는 아래와 같다.

  FB (Flashback) 과거에 있었던 일을 회상하는 장면.

  FI (Fade In) 점점 밝아지는 장면 전환 효과.

  FO (Fade Out) 점점 어두워지는 장면 전환 효과.

  OS (Off Sound) 인물이 화면에 보이지 않고 목소리만 들리는 것.

장섭(OS)　　날씨 시팔…

#1 외곽 도로 / 아침

한겨울, 아스팔트마저 얼어붙은 듯 싸한 느낌의 외곽도로 풍광.
타이어가 펑크 난 채 갓길에 세워진 고물차 앞에서 푹 입김을 뿜으며
웅크리고 앉아 타이어를 갈려고 용을 쓰고 있는 우직한 사내의 등.

어디서 구르기라도 했는지 밑단이 흙탕물로 범벅이 된 코르덴 바지,
짝짝이 양말, 낡은 운동화, 면도를 대충한 듯 듬성듬성 밀린 턱수염.

홀아비 냄새가 스크린을 뚫고 풍기는 모습, 30대 후반의 장섭.
장비도 얼어서 말을 듣지 않는지, 하… 입김으로 손을 녹이다
안주머니에 있던 담뱃갑을 뒤지는데 그것도 비어 있다.

에라, 짜증이 치밀어올라 괜히 타이어를 퍽 걷어차버리자
얼어붙은 논밭에서 놀던 새들이 놀라 푸드덕 날아오르고,
웡웡, 한가롭던 동네의 개들이 짖어대기 시작한다.

차에 올라타 재떨이에서 쓸 만한 꽁초를 하나 찾아 불을 붙이는 장섭.
룸미러에 비친, 까칠하지만 야생동물 같은 눈빛이 살아 있는 얼굴.

장섭 (전화를 받는다) 여보쇼.

배형사(OS) 어디십니까아? 오고 있는 거예요?

장섭 지금 간다니까. (궁시렁) 인마, 이거는 폐차를 시키든가…

배형사(OS) 장형사님, 그 똥차 아직 타고 댕겨요?

장섭 이게 어디서 누구보고, 똥차는 지랄. 니나 잘해 시발아. 그리고 내 가기 전에 철수할 생각 말고 딱 기다리고 있어.

시동을 거는 장섭, 연신 헛기침을 해대는 낡은 엔진이 푸드덕푸드덕 하며 달려간다.

#2 아파트 / 낮

1. 외부

밀집된 주택들과 낙후된 상가 뒤편의 영세 아파트 앞에 도착한 장섭.
차에서 내리자 이미 경찰과 동네 구경꾼들로 북적이고 있는데…
투덜대며 대기 중이던 배형사가 장섭을 보더니 인파를 밀치고 그를 부른다.

배형사 이번엔 따악, 촉이 오더라니까.

장섭 오늘도 아니면 닌 뒤진다.

아파트 내부로 발걸음을 옮기려던 그를 잊은 거 없냐는 듯 슥 막는 배형사.

장섭, 지갑에서 지폐 몇 장을 꺼내 옜다! 주머니에 찔러주더니
그 주머니에서 칡즙 봉투를 꺼내 북 뜯어 들이켜며 현장으로 향하고.

2. 내부

아파트 복도로 들어서던 장섭, 경찰에게 조사 받는 여자를 보는데…

배형사 최초발견자가 사회복지사예요. 가족도 뭣도 없나보더라고.

햇볕도 들지 않는 좁고 낡은 내부, 폴리스 라인을 걷고 들어서면,
남부서 감식반이 막 현장 감식을 끝내고 철수 중이다.
현장을 나서던 마반장.

마반장 장섭이, 너 내 관할 들락거리지 말라고 했…

그러든 말든 훅 들어가버리는 장섭에 머쓱해진 마반장.

마반장 집요한 새끼. 전국 각지 정명숙이란 정명숙은 다 뒤지고 다닐 기세네. 쟤 왜 저러는 거야?

배형사 (나도 모른다는 제스처)

장섭, 식탁 위에 놓여 있던 국가보조금 내역서의 이름을 확인한다.
'정명숙'
시신을 둘러싼 감식반 뒤로 내부를 찬찬히 둘러보는 그의 시선 속으로

방구석에 엎어진 채 사망한 60대 여자의 가녀린 발목이 들어온다.

망자의 생전 성격을 짐작케 하듯 초라하지만 결코 궁색해 보이지 않는
가구와 소품 들이 단정하고 깔끔하게 정리되어 있는 모습과
열린 옷장 안으로 반듯하게 다림질하고 차곡차곡 개어놓은 옷가지들.

감식반이 자리를 뜨자, 다가서는 장섭 앞으로 모습을 드러낸 시신.
그녀는 마치 자신의 죽음을 예견한 듯 상복 같은 검은 정장을 단정하게
차려 입은 모습인데, 마치 아무에게도 들키고 싶지 않았던 것처럼
방구석의 가구 틈 사이로 얼굴을 파묻은 채 사망했다.
기이한 죽음이었다.

자세를 낮춰 앉은 장섭의 날카로운 눈빛이 사체의 발목부터 타고 올라와
더 이상 이 세상 사람이 아닌 낯선 피부색과, 차마 눈을 감지 못한
정명숙의 얼굴을 마주하자, 본능적으로 자기가 찾던 그녀임을 직감한 듯하다.

배형사 어째, 이번엔 맞는 거 같구만, 그 정명숙.

팔짱을 낀 채 손수건으로 코를 막고 보는 배형사를 뒤로한 장섭.
내부를 뒤지다가 빛바랜 사진 몇 장을 발견한다.

옆에 놓인 사체의 모습이 무색하게, 젊은 시절 풋풋하고 행복해 보이는
정명숙이 찍힌 사진들. 결혼사진 몇 장을 넘기자
갓난아기와 남편과 함께 셋이 찍은 가족사진들도 보이는데…

배형사 사체 상태로 봐선 사망한 지 최소 한 달은 지난 거 같고. 누군가 침입했던 흔적도, 먹고 죽을 약이나 음식 같은 것도 없고… 걍 노인네 혼자 외롭게 살다 간 거지 뭐.

그 사진들을 넘기다 마지막 사진을 보는 순간, 얼굴이 싹 굳는 장섭.
놀이공원, 네다섯 살 정도 된 아이의 두 손을 마주 잡고 앉은 채
눈높이를 맞춘 정명숙이 아이를 물끄러미 보는, 모녀의 행복하던 순간.

그런데 장섭의 시선은 명숙이 아닌 여자아이에게 맞춰져 있다.
레이스 달린 분홍치마, 반들반들한 구두, 사랑받은 흔적들.
아이의 눈, 코, 입을 유심히 훑어내리다, 목덜미에서 뭔가 찾아내는 싸한 눈빛.

#3 카센터 / 낮

벽에 기댄 채 쭈그려 앉아 담배 연기를 내뱉고 있는 한 여자의 목덜미,
귀 아래쪽에 오래된 날카로운 흉터가 선명하게 보이는데…

카센터 할배 미쓰백, 여기까지 마무리 좀 해줘. 어?

흰머리 성성한 카센터 주인이 애타게 불러도 그러든 말든
돌아보지도 않은 채 카악, 바닥에 가래침을 뱉어 담배를 비벼 끄고 선
주머니에 손을 찔러 넣은 채 푹 입김을 뿜으며 먼 산만 보는 여자.

사진 속 그 아이가 그간 무슨 일이 있었기에 저렇게 됐나 싶을 정도로
온갖 세상의 풍파는 다 겪은 듯, 다크서클이 깊게 내리고 여윈 얼굴.
예사롭지 않은 눈빛을 가진 30대 중반의 백상아.

에휴, 그런 그녀를 못 말리겠단 듯 설레설레 보던 주인장.
다가와 주머니에서 만 원을 건네주자, 그제야 슥 돌아보는 그녀.
그러든 말든 일을 마무리하려 일어나 점퍼를 벗고 돌아선다.

상아 또 날로 드시네.

주인장, 에라, 만 원 한 장을 더 얹다 눈치 보더니 그냥 두 장 더 얹는다.

카센터 할배 착실하게 나와준 거 생각해서 연말 뽀나스 얹어준 거야.

상아, 그제야 돈을 탁 낚아채고선 시크하게 웃어 보이더니
인심 쓰듯 물이 가득 담긴 양동이 두 개를 번쩍 들어
퍽, 그 차에 야무지게 쏟아붓고선 맹렬하게 걸레질을 시작한다.

소매를 걷은 가녀린 팔에 잡힌 잔근육, 온몸을 사리지 않으며
벅벅, 억척스럽고도 정성스럽게 일을 해내는 상아의 손길.
차림새가 한때 좀 놀았던 '센 언니'지만, 참 열심히 사는 사람 같다.

걸레질을 하다 말고 날카로운 뭔가에 손이 베인 듯 흠칫하던 상아,
대수롭지 않게 대충 옷에 피를 닦고 다시 걸레를 집어들자
옆에서 탁, 그 걸레를 뺏어 낚아채는 손. 장섭이다.

장섭 돈 몇 푼 더 벌라다 손모가지 날릴래.

장섭, 인사 대신 욕지거리를 날리곤 벅벅 걸레질을 하자
상아, 역시 인사 대신 그의 정강이를 팍 걷어차더니 걸레를 뺏어
자기 손으로 해야 직성이 풀린다는 듯 다시 맹렬하게 걸레질을 한다.
못 말리겠다는 듯 한숨에 물끄러미 그녀를 보는 장섭의 눈빛.

#4 순대국집 / 낮

얼큰하게 말아진 국밥 두 그릇과 소주 한 병을 두고 마주 앉은 장섭과 상아.
상아, 치마 속이 보이든 말든 의자 위에 책상다리로 앉아
어지간히도 배가 고팠는지 숟갈을 푹푹 퍼 담은 입에
깍두기까지 밀어넣어 우적우적 맛있게도 먹는데…

장섭 가스나, 빤스 다 보인다.

그러든 말든 한 술 더 떠 치마 속 허벅지를 북북 긁는 상아.
장섭, 그녀가 입은 싸구려 '레자' 자켓과 추위에 얼어붙었다 새빨갛게 녹은
까칠한 손이 짠한 듯 보다, 입고 있던 오리털 파카를 툭 던져준다.

장섭 그거 니 해라.
상아 왜?

장섭　　그 옷 같지도 않은 거 입고 댕기다 입 돌아가기 전에. 내가 니 그 똥 색 비니루 몇 년 동안 처입고 댕기는 거 볼 때마다 확 찢어뿐다는 걸 벼르고 벼르다 참는다.

상아　　(장섭 파카를 슥 살피더니) 간지가 안 나는데.

장섭　　확! 마, 간지 같은 소리 하고 있다.

장섭이 눈을 부라리자 그제야 파카를 주섬주섬 입어보더니 따스운지 벗지 않는 상아.
몸집보다 두 배는 커 보이는 파카에 파묻힌 그녀를 물끄러미 보던 장섭.
연민인지 애정인지 모를, 가슴속 짙은 감정을 투박한 단어들과 말투에 숨겨본다.

장섭　　얼마 주도 않는 부업은 몇 탕을 처뛰면서, 니 그 돈 다 모아다가 뭐 할라꼬? 뭐, 벽지로 처바르게?

상아, 된장에 청양고추를 찍으며 아까부터 괜히 툴툴대는 장섭을 빤히 보는데, 그의 수저질이 영 신통치가 않은 게 뭔가 눈치를 챈 듯.

상아　　야, 장존만.

그 애칭(?)은 상아의 어떤 신호인가보다. 흠칫 보는 장섭.

상아　　뭐냐?

장섭　　뭐가?

빤히 보는 상아의 시선에 미묘하게 시선이 흔들리는 장섭.

상아 눈알이 떨리잖아.

에라, 장섭이 말없이 소주잔을 쭉 들이켜자,
어떤 예감이 스치는 상아의 눈빛.

#5 안치실 / 해 질 무렵

1. 복도

창문을 통해 길게 이어져내린 햇살이 온기라곤 없는 색감의
바닥 위로 규칙적인 마름모꼴 문양을 만들어낸 복도.

앞서 가는 장섭 뒤로 상아, 자기보다 두 배는 커 보이는 파카에
마치 몸을 숨긴 듯, 바짝 작아져 주머니에 손을 찔러넣은 채 따라가는데…

장섭(OS) 부검 결과 나와봐야겠지만…

2. 내부

상아, 정명숙의 시신 옆으로 비스듬히 선 채 눈을 내리깔고 보는데…

장섭 지금으로선 폐암으로 가신 것 같다.

명숙의 하얗게 센 머리칼과 이마, 눈가의 주름을 낯설게 보던 그녀.
무표정한 얼굴, 싸한 눈빛이 그녀의 시신을 찬찬히 훑어내리는데…

장섭 얼굴 보니 기억은 좀 나나? 한 30년 됐제.

입술 옆의 점, 자살을 시도한 듯한 손목의 흉터까지 타고 내려오던 상아의 시선.
순간 어떤 기억이 되살아난 듯 분노, 슬픔, 경멸 등 갖가지 감정들이
가슴 깊은 곳에서부터 올라와 부딪혀 눈빛이 일렁이는데…

이내 감정을 삼키는 그녀의 목울대가 꿀렁이는 걸 보는 장섭.
돌아서 다시 고개를 든 그녀의 눈빛에선 어떤 감정도 읽을 수 없다.

장섭 화장할까?
상아 (멈춰 선다) …
장섭 니가 보호자 아이가.
상아 (비웃으며) 보호자…
장섭 마, 그래도…
상아 저 여자.
장섭 …
상아 얼마나 외롭고 고통스럽게 죽었는지 확인하고 싶어서, 그래서 온 거야.
(잠시) 알아서 해.

미련 없이 나가버리는 상아를 차마 잡지 못하는 장섭의 무거운 얼굴.

#6 상아 집 / 밤

다세대주택 2층의 집, 문 앞에 버려진 쓰레기봉투들과 잡동사니들.
마치 한바탕 뒤집어엎고 대청소라도 하는 듯 아수라장 가운데
뭔가에 홀린 사람처럼 미친 듯이 쓸고 닦고 하는 상아의 모습.

아무런 감정도 읽을 수 없던 그녀의 굳은 얼굴이 어느 순간
하얗게 질리더니 욱, 입을 틀어막고 화장실로 달려가 구역질을 한다.
한참을 그렇게 변기를 부여잡다가 비틀, 퀭한 얼굴로 나온 상아.

냉장고를 열어 마시다 남은 소주병을 집는데, 남은 양이 성에 차지 않는다.

#7 슈퍼 골목 / 밤

1. 슈퍼 앞

다세대주택과 원룸 건물이 줄지어 늘어선 골목.
늦은 시각인 듯 드문드문 불 꺼진 상점의 간판들이 보이는 길 어귀.

하… 어둠 속으로 퍼지는 입김. 밤이슬이 성에가 되어 하얗게 내려앉은
아스팔트 위로 커다란 남자 슬리퍼를 질질 끌고 가는

조그마한 아이의 발이 불 꺼진 슈퍼 앞에서 멈춰 선다.

방범창을 쥐고 흔드는 손은 기이할 정도로 조그맣고 삐쩍 말라서
언뜻 외계인의 손처럼 보이기도 하는데…

2. 슈퍼 앞 골목

슬리퍼를 끌고 집을 나서 슈퍼로 가던 상아. 멀찍이 불 꺼진 슈퍼를 본다.
김빠지는 듯 돌아서다 말고 그 앞의 뭔가를 발견, 시선이 멈추는데…

키 120센티미터 정도의 깡마른 아이가 얇은 반팔 티, 반바지 차림으로 선 채
슈퍼의 방범창을 붙들고 흔들 힘도 없는지 멍하니 돌아서는 모습.

순간, 거리를 두고서 그 아이와 눈이 마주치는 상아.
반팔 티 아래로 나뭇가지처럼 마른 팔목을 보던 눈빛이 흔들리던 찰나,
파카 주머니에 손을 찔러넣은 채 훅 돌아서 아이를 외면하고
성큼성큼 가버리는 발걸음.

3. 상아 집 앞

킁, 옷소매로 콧물을 훔치며 현관으로 들어서 계단을 올라서던 상아.
추위에 웅크린 등이 어느 순간 멈춰 서는데…

4. 슈퍼 앞

잔뜩 작아진 채 여태 슈퍼 앞에서 바들바들 떨고 있던 아이의 모습 위로 조용하게 드리우는 그림자. 결국 다시 돌아온 상아.
주머니에 손을 찔러넣은 채 눈을 차갑게 깔고 아이를 내려보는 눈빛.

어둡고 추운 겨울 밤, 그렇게 마주 선 두 사람의 모습에서…

타이틀.

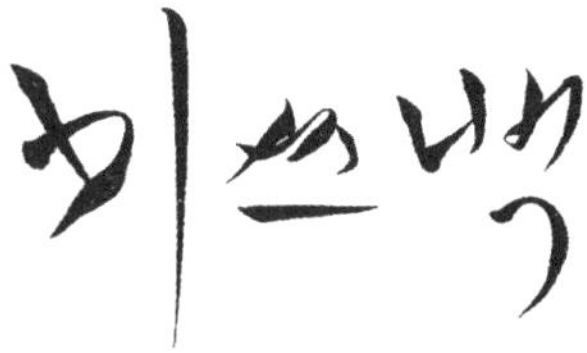

#8 실내 포차 / 밤

1. 내부

닭똥집, 순대볶음… 아이에게 어울리지 않는 메뉴들이 즐비한 포장마차.
상아가 벗어준 장섭의 오리털 파카에 파묻혀 있던 아이,
주인이 쓰키다시로 당근과 오이를 내어주기가 무섭게 양손으로
그걸 집더니 행여 누가 뺏어먹기라도 할까 입에 우적우적 욱여넣는데…

다른 테이블의 손님들이 그런 아이와 마주 앉은 상아를 이상한 듯
흘끔 돌아보고, 그러든 말든 담배 연기를 뱉으며
다리를 꼬고 팔짱을 낀 채 곁눈으로 아이를 살피는 상아.

선명한 조명 아래서 비로소 성별이 드러난, 아홉 살의 여자아이 김지은.
마치 야생에서 자란 아이처럼 머리는 오래 감지 않아
떡 진 채 거칠게 자랐고, 기름기 하나 없이 마른버짐이 핀 얼굴.
그리고 젓가락을 쥔 손은 기이할 정도로 조그맣고 비쩍 말라 있는데…

목이 막히는 듯 아이가 켁켁 대자 상아, 마지못해 물컵을 슥 밀어준다.
하지만 물컵을 집어든 아이의 손이 미끄러져 테이블에 물을 쏟자
지은, 반사적으로 누가 때리기라도 할까 팔로 얼굴을 막는데…

상아, 그러든 말든 관심도 없는 듯 컵에 다시 물을 따르고
소주잔을 쭉 들이켤 뿐. 처음으로 그런 상아를 물끄러미 올려보던 지은.

엎지른 물을 고사리손으로 닦아내며, 용기를 내 말을 꺼내본다.

지은　　잘못… 했습니다…

상아　　…

지은　　아줌마…

아이와 한 마디도 안 섞을 기세이던 상아, 그래도 '아줌마' 호칭은 싫은가보다.

상아　　아줌마, 아니다.

상아의 싸늘한 목소리와 그 눈빛에 잔뜩 기죽어 더 작아진 지은.

지은　　(머뭇거리다) 선… 생님…

사연 많았던 하루의 끝에, 대체 내가 이 애랑 앉아서 뭘 하고 있는 거지…
순간 피로와 짜증이 몰려오는 상아의 얼굴.

상아　　야.

지은　　… (본다)

상아　　그냥 질척거리지 말고… 먹고, 가라.

그녀의 냉담한 태도에 말문이 막혀 고개를 푹 숙이고 마는 지은.
불안한 듯 손끝을 뜯던 아이를 눈을 내리깔고 보던 상아.
그녀의 날 선 눈빛이 점점 누그러지던 끝에…

상아 … 미쓰백.

지은 (고개 들어 그녀를 본다)

상아 그렇게, 부르라고.

'츤데레' 상아, 자기 딴에는 다정하게 뱉는다고 뱉는데, 영 시원찮다.

상아 (괜히 혼자 궁시렁) 시팔, 지금 뭐 하는 거야…

하지만 그제야 상아를 바라보는 눈빛에 경계가 풀리는 지은.
덕분에 두 사람 사이의 공기가 아까보다는 좀 부드러워진 것 같다.

지은 저는 김… 지은.

상아 (관심 없다는 듯 다시 술을 따른다)

지은 구 살…

그러면서 은근 다 듣고 있었던 듯 '구 살'이 뭔가 싶어 보던 상아.
'아, 아홉 살.' 애가 좀 모자란가, 아래위로 훑는데…
키도, 얼굴도, 체격도 아홉 살이라기엔 너무도 왜소해 보이는 모습.

상아 넌 근데 왜 맨날 볼 때마다 홀딱 벗고 다니냐? 대체 부모가 뭐 하는 년놈들이길래… 엄마, 아빠는?

지은 (손톱을 뜯다가) 아빠… 아빠만 집에 있어요.

아이의 손등에 빛바랜 멍 자국을 턱 끝으로 가리키는 상아.

상아 그거 아빠 짓이야?

지은 …

상아 (한숨) 됐다.

상아, 피곤한지 계산을 하려고 일어서는데…

미경 지은아. 어머, 이 시간에 너 왜 여기 있어.

밖에서 그들을 보고 들어서는 30대 초반의 주미경.
퇴근길이었던 듯 굽 높은 힐, 깔끔한 세미정장에 단정하게 빗어올린 머리.
살집 있는 평범한 외모인데, 외모에 꽤 공들인 듯 보이는 차림새.

미경 안녕하세요, 언니.

아는 얼굴인 듯 보는 상아, 목 인사를 까딱 하는 미경의 어색한 눈웃음.

미경 여기 지나가는데 아무리 봐도 얘 같은 거야.

상아 그쪽 애…?

미경 아니, 뭐, 그렇다기보다…

대답을 얼버무리던 미경. 애가 먹은 음식들을 난감한 듯 보는데…

미경 아, 애가 몸이 좀 안 좋아서 아무거나 먹이면 안 되는데, 그랬더니 밖에 나와서 아무나 보면 배고프다 그러고…

그런데 미경의 말에 끝나기도 전에, 어떤 느낌에 상아의 입가가 움찔.
아득한 시선을 따라 내려가면, 상아의 손끝을 움켜쥔 아이의 손.
그 작은 손이 바들바들 떨리는 걸 보는 상아의 눈빛도 파르르…

미경 미안해요, 언니. 이건 내가 계산할게요.

미경, 지갑을 꺼내다 말고 지은이 입은 (상아가 벗어준) 옷을 보는데…

미경 그 옷, 돌려드려야지, 김지은.

그 말에 지은, 손에 힘이 없어서 지퍼도 잘 내리지 못하자
미경이 옷을 벗겨주는데, 어깨에 드러나는 선명한 멍 자국.
순간 당황한 듯 눈치를 살피는 미경을 보는 상아의 눈빛.

2. 외부

가게 앞에 세워둔 BMW 문을 열고 지은을 태우는 미경.
힘없이 돌아보는 아이의 아련한 얼굴을 외면한 채 돌아서는 상아.

#9 상아 집 / 밤

불 꺼진 적막한 집 안. 냉장고 소음이 유난히 크게 들려오는 뒤로
어둠 속에서 잠들지 못하고 있는 상아의 눈빛.
그녀의 시선이 지은이 잡았던 그 손가락 끝에 머물러 있다.
그 모습 위로 성스러운 찬송가가 깔리기 시작하고…

#10 교회 / 낮

1. 예배당

객석에 앉아 기도하는 사람들 사이로 보이는 주미경의 모습.
온갖 세상의 은혜는 혼자 다 받으려는 듯 손을 제일 높이 올린 채
눈물을 흘려가며 열렬하게 찬송가를 부르고 있다.

2. 셀 모임 방

삼삼오오 모여 앉아 깔깔대며 웃는 자매님들 뒤로 보이는 미경.
한 자매님을 붙든 채 보험 가입서류를 놓고 열변을 토하고 있다.

미경　　아휴, 내가 그동안 언니를 쭉 지켜보니까, 맘이 안 좋더라고. 언니 일 보고 나오면 소변에서 딱 그 냄새가 나는 거야. 내가 고3 맘들 중에 속 문드러져 곪다가, 기껏 자식 대학 보내놓고 등록금 보탤 돈 다 병원에 갖다 바치는 언니들 여럿 봤어.

닳고 닳은 미소로 결국엔 자매님에게 볼펜을 쥐여주는 데 성공하는 미경.

3. 교회 앞

주차장에 세워둔 BMW 운전석에서 통화 중인 미경.
차 할부비와 월세로 뭉텅 빠져나간 내역들과 각종 고지서들 사이
'기초생활수급자 생계급여 해지' 고지서를 든 채 날이 잔뜩 서 있는데…

미경　　이것 보세요, 애 아빠가 아직 알코올중독 치료 중인데 갑자기 지급을 중단하면, 그럼 애는 누가 먹여 살리란 말이에요? 아니, 제가 누군진 알 거 없고요. 지금 당장 조치 취해주지 않으면…

목소리 카랑카랑하게 통화 중인 와중에도 지나가는 자매님들을 보자
언제 그랬냐는 듯 화사한 미소로 고개를 까딱하는 미경.

#11 지은 집 내부 / 낮

거실 겸 큰 방과 작은 방, 현관 앞의 주방으로 나눠진 투룸 개념의 빌라.
타타타, 신경 거슬리는 마우스 클릭과 현란한 게임 효과음이 울리고 있다.
문이 열린 작은 방, 한편을 차지한 컴퓨터 앞에 앉은 남자의 뒷모습.

핸드폰이 '주미경'을 띄운 채 한참을 울리다 '부재중 통화 8통 – 주미경'.
책상 위에 놓인 페트병 안으로 수북하게 쌓인 담배꽁초들.
며칠 동안 끼니를 컵라면으로 때운 듯 층층이 쌓인 빈 컵라면 용기들,
바닥을 뒹굴고 있는 과자 봉지들과 쓰레기들…

두문불출하며 온종일 게임만 하는 듯 보이는 20대 후반의 김일곤.
한때 여자들 꽤나 꼬였을 외모가 다크서클과 더벅머리에 가려져 있다.

발 아래로 윤기 나는 털을 늘어뜨린 채 포동포동 살찐 포메라니안 '조이'.
과자 봉지들 사이를 뒤져서 뭔가를 먹던 조이가 총총 걸음으로
화장실로 가더니, 닫힌 문 안에 뭔가 있는 듯 끙끙대며 문을 긁어대는데,
그 안에서 희미하게 흐느낌, 혹은 신음 소리가 들려오는 것 같다.

#12 후남 음식점 / 낮

1. 내부

한적한 외곽 도로변의 아구찜 가게, 앞마당에서 남자 옷가지 빨래들을 수북이 걷어 들어서는 40대 초반의 장후남. 가게 안에서 식사 중인 장섭. 아무래도 장섭이 빨래를 모아서 누나에게 갖다준 것 같다.
후남, 그 앞에 앉아 빨래를 개다 말고 밖에 세워진 그의 차를 흘낏 보더니…

후남　　차도 꼭 지 꼬라지 같은 거 타고 댕긴다.

장섭　　…

후남　　아이고, 어무니. 그렇게 내 공부하고 싶대도 대학도 안 보내고 집에서 점마 저거 똥 묻은 빤스 쪼가리 빨라고 시키쌓드만. (난데없이 하늘에) 그래, 내 이 나이 처먹도록 시집도 몬 가고 아직도 이 지랄하고 있으니까. 어디 보기 좋습니까?!

옆 테이블의 손님들이 흘끗거리며 쳐다보자 난감한 장섭.

장섭　　저 여자 시집 함 갔다 왔습다.

후남, 빨래 더미에서 누런 팬티 하나를 그에게 집어던지며 눈을 흘기자 그러든 말든 그 팬티를 주섬주섬 챙기는 장섭.

후남　　근데 니는 아직 그 가시나 뒤치다꺼리하고 댕기드나.

장섭　1절만 하자.

후남　야, 내가 아무리 니 빤스 빨래하는 팔자가 지긋지긋해도 하나 있는 핏줄 짝지, 그런 돼먹지도 않은 가시나로는 절대 몬 들인다. 어?!

장섭　참 나, 시끄러버 죽겠네. 누가 가랑 결혼한다카나? 가스나 그거 내랑 결혼할 생각 없다.

후남　왜? (괜히 서운) 가가 니 싫다나?

장섭　그게 아이고…

후남　아니, 근데 그게 뭐 잘났다고 니가 싫다대? 웃기쌓네. 내 진짜 이 가시나를 확, 함 가서 눈까리를 팍 쑤시뿌든가…

장섭, 만사가 피곤한 얼굴로 수저를 내려놓고 물로 입을 헹구더니 옆 테이블 손님들 들으란 듯 부러 언성을 높인다.

장섭　거, 맛대가리도 없네. 이 집 이래가 장사 되나?

후남이 눈을 부라리던 찰나, 시기적절하게 걸려오는 전화를 받는 장섭.

장섭　오고 있나.

배형사(OS)　이번엔 따블로 주셔얍니다.

창밖으로 차를 세워놓은 채 손을 흔들고 있는 배형사가 보인다.

2. 외부

가게 내부의 후남이 눈을 훔기는 모습을 뒤로한 채
차 문을 열고 걸터앉아 배형사가 준 사건 파일을 넘겨보는 장섭.

장섭 전과?

배형사 그 노인네 스멜이 묘했잖아. 신상 조회해봤더니 6년 받고 2007년 말인가 출소했더라고요.

파일 속엔 교통사고 현장이 찍힌 사진들과 당시 조사 기록.
처참하게 망가진 차 내부가 피투성이가 된 사진들.
서류를 넘기면 피해자 인적 사항. 익숙한 이름인 듯 보는 장섭.

장섭 인마 이거, 서창건설 그 아들 아이가.

배형사 그래, 그 망나니 새끼. 교통사고 함 크게 난 뒤로 반불구 돼서 미국 건너갔단 소문이 있었는데. 그게 이 건 때문이지 싶더라고. 당시 담당이… (서류를 보며) 조윤철… 아, 조과장님이네.

장섭, 뭔가 짚이는 게 있는지 아득해진 얼굴로 서류들을 거칠게 넘기는데…

배형사 근데 이상한 건, 단순 교통사고 피해자, 가해자가 아니라 살인미수로 기록됐단 거. 근데 아무리 그래도 6년이라…

구속 당시 마스크를 쓴 채 경찰들에게 붙들린 정명숙 사진을 보는 장섭.
흐릿하게 찍혔지만 카메라를 쳐다보는 눈빛이 싸한데…

배형사 어쨌든, 정명숙이 작정하고 죽이려 들이받았단 말이잖아.

장섭, 믿을 수 없는 건지, 믿기 싫은 건지, 까칠한 수염을 쓸어내린다.

#13 네일샵 마사지실 / 낮

소박한 규모의 동네 네일샵 한편에 자리한 마사지실 내부.
상아, 침구류와 소도구들을 정리하며 손님 맞을 준비를 하는 모습.
밤새 손톱을 뜯은 건지 만신창이가 된 손끝이 보인다.

그 뒤로 멀대 같고 선머슴 같은 모델 포스가 물씬 풍기는 20대 초반의
네일 담당 유장미. 동네 손님들을 모아놓고 한창 퍼포먼스 중인데…

장미 언니, 여자가 하악 덤벼들면 남자는 카악 도망가는 거 몰라? 이렇게 가슴 쫙 내밀고, 눈 쫙 내리 깔고! 줄 것처럼 부비부비하다 결정적인 순간에 앞발 쏙 빼고. 어? 알지? 괭이 전법.

깔깔대는 아줌마들 뒤로 '에효, 저 썩을 년' 고개를 설레설레하며
셀프 페디큐어 중이던 샵주인이 입구로 들어서는 누군가를 단골인 듯 반긴다.

샵주인 어머. 쭈, 이 시간에 웬일?

상아, 돌아보면, 그녀와 어색하게 눈이 마주치는 미경.

시간 경과 —
미경의 머리맡에 앉아 그녀의 어깨 근육을 풀고 있는 상아.
그녀를 누운 채로 거꾸로 보며 살피던 미경.

미경 언니.

조심스럽게 말문을 여는 미경에 반응 없이 제 할 일만 하는 상아.

미경 걔, 내 애 아니에요.
상아 … 내 알 바 아니고.

상아의 그 한 마디에 긴장이 풀리는 미경의 얼굴.

미경 아니, 그게 아니라, 난 또 언니가 무슨 오해라도 할까봐. 사실 걔, 남친이 본처랑 스물에 낳은 딸인데, 내가 거둬서 키우고 있는 거예요.

상아가 대답이 없자, 결국 자기 이야기를 하고 싶었던 미경의 신세 한탄.

미경 사실 처음엔 남친이 애 있는 줄도 몰랐고, 하루 이틀 저러다 취직할 줄 알았거든. 근데 몇 년 지나니까 이건 아니다 싶어서 버리고 도망가고 싶어도, 그러면 굶어 죽으려나 싶고… 몸정이란 게 무섭다니까.

상아 …

미경 지 배로 낳은 딸도 가끔 갖다버리고 싶은 게 사람 맘이라는데, 피 한 방울 안 섞인 애 데리고 사는 내 맘은, 오죽하겠어요?

동의를 구하듯 올려보는 미경의 눈빛에 상아, 목덜미를 마사지하던 손에 자기도 모르게 그 목을 움켜쥐듯 힘이 들어가는데…

#14 지은 집 내부 / 밤

도어락이 열리며 미경이 집으로 들어서자 달려가는 조이.

미경 (안으며) 우리 조이, 오늘도 밥 잘 먹구?

조이를 끔찍이 아껴주던 미경, 핸드백을 팽개치고 스타킹을 벗으며 모니터에 얼굴을 파묻은 채 돌아보지도 않는 일곤을 본다.

미경 이래서 개새끼가 사람보다 낫다니까. (돌아서다 말고) 참, 김일곤. 니 애 앞으로 나오던 돈 끊겼다.

그 말에도 반응 없는 일곤의 등짝을 보던 미경의 눈에 비친 짙은 애증.

미경 내가 진짜 이 시궁창을…

미경, 벌컥 화장실 문을 열면, 옷이 벗겨진 채 세면대 밑에서 웅크려 바들바들 떨고 있는 지은의 모습. 그런데 그 광경이 일상다반사인 듯 마치 화장실의 도구처럼 신경도 쓰지 않고 클렌징크림을 꺼내 바르는데…

지은은 그 후로도 다시 구타당한 듯, 몸 구석구석에 상처들이 있고. 목덜미에 누군가 목을 조른 듯 선명하게 보이는 자국. 그리고 조그마한 새끼손톱이 뻘겋게 피가 고여 금방이라도 빠질 듯 덜렁거리고 있다.

최대한 그녀에게서 물러나려 더 웅크리는 지은이 옆에 있던 세숫대야를 건드리자 달그락, 반사적으로 헉, 올려보는 순간, 미경과 눈이 마주치고 말았다.

미경 뭘 봐?

싸한 목소리의 그녀를 차마 올려보지도 못한 채 바들바들 떨고 있는 지은.

미경 뭘 보냐고!

퍽, 발길질을 하자 그대로 나가떨어져 세면대에 머리를 박지만 뭐가 두려운지 비명조차 지르지 못하는데…

미경 왜. 내가 지겨워?! 역겨워?! 불쌍해?!

마치 문밖의 일곤이 들으란 듯이 발악하는 서슬 퍼런 미경의 목소리. 그가 달려올 때까지 팰 기세인 듯 샤워기 헤드까지 집어들어 퍽퍽…

하지만 끝내 비명을 뱉지 않는 지은과 그 소리에도 반응 없는 일곤이 더 분한 듯 아아아악! 결국 샤워기를 내팽개쳐버리는 미경.

분을 삭이듯 숨을 몰아쉬다가, 코피가 터진 채 쓰러진 지은의 머리맡 타일 바닥에 떨어진 핏자국을 보자 다시 샤워기를 집어들어 아이의 머리 위에 대고 다짜고짜 물을 콱 틀어버린다.

추위와 공포에 떨고 있던 지은의 머리 위로 그대로 찬물이 쏟아지는데, 경기 일으킬 듯 소스라치지만 끝내 이를 악물고 참아내는 지은. 그리고 그런 지은을 차가운 얼굴로 내려보는 미경.

미경　　꼴 뵈기 싫어, 그 얼굴.

미경, 핏방울이 씻겨나가자 물을 끄고 돌아서 문을 닫고 나가고, 칠흑 같은 어둠 속, 그제야 흐느끼기 시작하는 아이의 파르르한 울음이 적막을 채운다.

#15 상아 집 / 새벽

다시 화장실의 불이 켜지면, 아이의 울음소리는 사라지고, 빈 화장실로 들어서는 상아의 모습.

〈무한도전〉 따위가 틀어져 있는 텔레비전 불빛이 어두운 내부를 비추고,
헐벗은 차림의 장섭이 냉장고에서 물을 꺼내 마시며 돌아서다
화장실에서 이를 닦는 상아를 물끄러미 지켜보는 눈빛.
꺼내고 싶은 말이 있는 것 같은데, 결국 꺼내지 못하고 툭 뱉는다는 말.

장섭 결혼하자.

충분히 그 말이 들릴 거리임에도 못 들은 척, 하던 일만 계속하는 상아.

장섭 결혼하자고.

그런데, 프러포즈하는 남자 앞에서 화장실 문을 열어둔 채로
그대로 소변까지 보는 상아. 적나라한 물소리로 대답을 대신하는데…

장섭 아, 저 가스나…

상아 내 팔자에 누구 마누라, 누구 엄마는 없다고. 두 번 더 말하면 사백 칠십 번이다.

요란하게 변기 물 내리는 소리까지 들려주며 마무리하는 상아.
옷 갈아입으려 옆 방 문을 열자 내부에 박스 짐들이 쌓인 게 보이는데,
장섭, 벌떡 일어나 가서 그 박스들을 확인한다. 불길한 예감.

장섭 뭐야. 니 진짜 여기 정리하고 제주도 갈라고?

무언의 긍정인 듯 상아의 묵묵부답에 장섭, 순간 목에 힘줄이 서고…

장섭　　인마, 니 아무리 그래도 상의도 없이 이러는 게 어딨어?

그러든 말든 돌아서 옷을 마저 갈아입는 상아의 등을 보는 장섭의 참담한 눈빛.

장섭　　내가 지금 묻잖아!

싸한 언성에 그제야 마지못해 장섭을 돌아보는 상아.

장섭　　니 그 등짝보고 씨부리는 것도 이제 질린다. 나는 뭔데? 나는 대체 니한테 뭐냐고?

상아　　장섭. 여기서 나랑 더 얽히면 니 인생 조져. 나 같은 게 결혼은 무슨. 그러니까 지금이라도 상태 좋은 여자 빨리 찾아.

장섭, 그대로 나가려던 상아의 팔을 낚아챈다.

장섭　　야, 뭘 더 이상 어떻게 할까? 어?! 내가 여기서 뭘 더 어떻게 해야 이딴 짓거리 그만하고…

상아　　너나 그만해!

장섭　　…

상아　　니 그 눈만 보면 숨통이 막힌다고. 나만 보면 불쌍해 죽겠고 미안해 죽겠다고 질척대는 얼굴. 그걸 평생을 더 보라고?

말문이 막히는 장섭의 면전에 끝끝내 비수까지 꽂는 상아.

상아 그리고… 내가 찾지 말라고 했지, 그 여자. 뭘 기대한 거야?

순간, 옆에 있던 박스를 퍽 걷어차버린 장섭. 분을 삭힌다.

장섭 그래. 시팔, 기대한 내가 미안하다.

상아 …

장섭 근데 난 니가 아무리 썅년이어도… 적어도 너거 어머니, 니 버렸던 죄책감에 평생 시달리고, 그렇게 니 그리워하다 춥고 외롭게 돌아가신 모습 보면 그래도 용서하고…

상아 좆까. 시발, 니가 뭘 알아!

장섭의 귓전을 때리는 상아의 쨍한 목소리.

상아 그 여자, 빽 하면 술 처먹고 미친년처럼 팼던 것도 모자라서 지 새끼도 내다버렸던 인간이야. 내가 그 기억에 발목 잡혀 시궁창까지 처박혔던 거, 니 눈으로 똑똑히 지켜봤으면서, 용서?

파르르하게 날 선 상아의 얼굴에 굳게 입을 다물어버린 장섭.
두 사람 사이에 감돌던 적막 사이로 어느새 푸른 새벽빛이 스며들고…

상아 여기까지야. 이제 내 인생에 그만 넘어와. 부탁이다.

#16 도로 - 장섭 차 / 새벽

도심 한복판을 거칠게 달려가는 차. 운전석의 장섭,
절망과 갈등이 뒤섞인 퀭한 얼굴로 담배를 꺼내 불을 붙인다. 탁-

#17 (과거) 노래방 화장실 / 밤

퍽, 누군가 잠겨 있던 화장실 문을 따서 밀치고 들어서는데,
20대 중반의 장섭. 그 뒤로 들이 닥친 다른 사람들 모두 경악하는 얼굴.

창문이 깨진 채 바닥은 온통 유리 조각들로 난장판이 되어 있고,
피투성이가 된 사타구니를 잡고 비명을 지르며 뒹굴고 있는 남학생 뒤로
역시 피투성이가 된 손을 바들바들 떨고 있는 새하얀 얼굴, 열아홉의 상아.

#18 (과거) 남부서 / 낮

1. 화장실

장섭, 분노에 찬 발걸음으로 복도를 지나 퍽, 화장실 문을 밀치고 들어선다. 변기 칸 내부에 조반장이 있는 듯 다짜고짜 언성을 높이는데…

장섭 저 가스나 아직 열아홉입니다아… 누가 봐도 저 아가 성폭행 피해자 아입니까? 근데 우째 정당방위가 성립이 안 되는…

조반장 당연히 성립 안 되지.

장섭 반장님!

쏴아, 물 내려가는 소리가 들리고 변기 칸을 나와 세면대에서 손을 씻는 조반장.

조반장 부모 없는 보육원 출신 날라리 기집애랑, 애비가 서창건설 대주주에, 매부가 의정부지법 판사인 놈이랑 붙으면 성립이… 시팔, 안 되지 않겠냐? 캬악, 퉤!

자기도 갑갑한 듯 돌아서는 조반장 뒤로 망연자실한 채 선 장섭.

2. 복도

미세하게 떨리는 창백하고 여린 상아의 팔목을 참담하게 내려다보는 장섭.
부들부들 떨리던 신참 형사의 손이 그 팔에 결국 수갑을 채우고야 만다.

3. 서 앞

모자를 눌러쓴 상아, 장섭에게 붙들린 채 호송버스로 향하는데,
그 앞으로 터지는 카메라 플래시, 왁자지껄하게 몰려든 기자와 인파들.

순간, 옆에서 퍽, 밀치는 누군가에 의해 장섭이 상아의 팔을 놓쳐
그녀가 바닥에 쓰러지는 동시에 모자가 벗겨져버리고…
상아의 얼굴이 드러나는 찰나를 놓치지 않고 쏟아지는 플래시 세례.
무방비상태로 공포에 질린 그녀의 눈빛 위로 마치 폭격처럼 쏟아지는 불빛들.

헉, 장섭, 뒤늦게 달려들어 옷을 벗어 상아를 가려주지만,
한바탕 구타당한 듯 혼이 나가버린 그녀의 눈빛을 마주한 참담한 순간.

조반장(OS) 당시… 나도 조사 과정에서 정명숙, 백상아 관계 알게 됐는데…

#19 남부서 앞 / 낮

장섭, 그 사이 머리 벗겨지고 배도 나온 조반장과 이야기 중이다.
자판기 커피를 마시며 장섭이 건넨 사진을 보던 조반장.
정명숙의 사망 현장 시신이 찍힌 사진이다.

조반장 연 끊은 지 딸 때문에 그런 짓까지 했을 거라고 생각도 못 했고… 그 여자가 정신이 오락가락하는 것 같은 데다, 서창에서도 합의 없이 일 크게 벌이지 말고 조용히 묻으래서 그렇게 정리된 거였어.

그제야 퍼즐이 맞춰지는 듯 얼굴을 쓸어내리는 장섭.

장섭 그 시신 보는 순간 뭔가 있단 생각이 들긴 했는데…

조반장, 담배를 비벼 끄며 돌아선다.

조반장 야, 니가 왜 백상아 못 버리고 여지껏 그러는진 알겠는데, 딸들은 지 엄마 팔자 따라 살게 돼 있는 거다. 팔자 더러운 여자한테 꼬이면 출구도 없어. 명심해라.

돌아서는 조반장 뒤로 심사가 뒤틀린 장섭의 비아냥.

장섭 그래서, 서창에서 스폰, 아직 잘 받고 계십니까?

무시하고 서로 들어가는 조반장. 서에서 나오던 형사들이 꾸벅 하며
부르는 호칭은 이젠 '과장님', 씁쓸한 얼굴로 보는 장섭.

#20 상아 집 / 낮

상아, 집을 나서려다 말고 뭔가에 시선이 꽂히는 싸한 눈빛.
집 현관의 신발장 위에 장섭이 놓고 간 듯한 사진 한 장이 놓여 있다.

명숙의 집에서 발견했던, 놀이공원에서 찍힌 모녀의 낡은 사진.
얼마나 보고 또 봤는지 손때 탄 그 흔적에 눈가가 파르르하던 상아,
그 사진을 그대로 쓰레기통에 퍽 처박고 집을 나선다.

#21 동사무소 / 낮

상아, 주소지 이전과 관련된 서류들을 꺼내서 작성하고 있는데,
데스크에 놓인 수많은 서류들 중 사망신고서에 시선이 간다.
마치 안치실에서 정명숙을 보던 것처럼 차갑지만 애잔하게 내려다보는 눈빛.

사망자, 사망장소, 사망종류, 신고인… 동거친족, 비동거친족 등의

항목을 훑어내려갈수록 볼펜을 쥔 손이 미세하게 떨리기 시작하는데…

#22 거리 / 낮

거센 바람이 몰아치는 육교 위, 무거운 발걸음을 옮기는 상아의 뒷모습.

유난히 더 조그맣고 굽어보이는 등이 바들바들 떨리고 있는데,
창백하게 질린 얼굴, 가슴속 깊은 곳에서 요동치는 감정을 부수려
입술을 악물지만 이미 그녀의 눈빛은 거세게 물결치고 있었다.

육교를 내려와 돌아서다 말고 길 건너를 보더니 탁, 발걸음이 멈춰 서는데,
길 건너엔, 그날 밤처럼 반바지에 반소매 차림으로 선 지은의 뒷모습.
아이가 보이지 않는 건지, 못 본 척하는 건지 바쁘게 지나는 사람들 사이,
앙상한 어깨와 멍든 팔 아래로 손톱이 빠져서 시뻘겋게 부은 손가락.

그걸 보는 순간, 상아의 손끝도 파르르 떨려오기 시작하는데,
밀쳐내고 싶지만 받아들일 수밖에 없는 불가항력적인 무엇을 바라보듯
우두커니 선 그녀의 눈빛이 불안정하게 파도치던 끝에…

아이가 슥 고개를 돌려 그녀와 눈이 마주치던 순간,
거리의 시끄럽던 소음이 순식간에 사그라지고
상아의 시선 속, 가슴 깊은 곳에서부터 귓전을 울리는 심장 박동.

마치 시간이 멈춘 듯 흐릿해지던 상아의 시선이 한 걸음, 두 걸음…
이끌리는 자석처럼 결국 다시 지은에게로 다가가는데,
자신에게 다가와준 상아를 올려보는 지은.
상아의 시선 속 지은의 그 눈빛에서…

지은 미쓰백…

그 음성에 순간, 마음속의 무언가 쿵 내려앉듯 요동치는 상아의 시선.
마치 꿈에서 깨어나듯 다시 현실의 소음들이 귓전을 울리는데,
자신이 길을 건너는 중이었던 걸 그제야 깨달은 상아.

빵– 달려오던 차가 그녀에게 경적을 때리자 피할 수 있는 거리임에도
지은에게 정신이 팔려 그 자리에 우두커니 선 모습.
빵빠앙! 결국 그 차가 상아를 비켜가며, 운전자가 그녀에게 욕을 퍼붓고.

그런 상황에서도 먼저 다가와준 상아를 보는 지은의 촉촉해진 눈빛.
상아, 아이가 말문을 열기도 전에 다짜고짜 다가서 그 팔목을 낚아채는데,
이마가 깨져 남은 거친 흉터, 손톱이 빠져 검붉은 핏자국이 얼룩진 손엔
꾸깃한 천 원짜리 한 장을 조그만 주먹으로 움켜쥐고 있었다.

상아 그년이야?!

자신의 감정을 표출할 줄 몰라 무턱대고 언성을 높이는 상아.
그리고 그런 그녀를 물끄러미 보기만 할 뿐 아무 대답도 않는 지은.

상아　　말해. 주미경 그년 짓이냐고!

내색하지 않지만 어떤 감정과 두려움이 북받치듯, 얇은 티셔츠 아래로 아이의 쇄골이 미세하게 오르락내리락 숨을 몰아쉬고 있다.
하… 지은의 팔목을 잡고 있던 손에 힘이 풀리는 상아. 무너지는 눈빛.

#23 아동복 매장 / 낮

— 매장 앞, 상아, 지은의 팔을 잡아끌고 어디론가 향한다.
'아이'라는 존재와 전혀 어울리지 않는 모습의 그녀가
지은을 데리고 가는 모습에 돌아보는 사람들.

— 신발 코너, 아이 신발을 골라서 지은에게 신겨보는 상아.

— 아동복 코너, 탁탁탁 옷걸이에 걸린 옷들을 빠르게 넘겨서 보는 상아.
최대한 따뜻해 보이는 긴팔 티와 바지, 외투를 골라내는데,
카운터 위에 수북하게 올려진 각종 옷과 용품들. 당황한 매장 직원.

#24 롯데리아 / 낮

상아가 사준 옷들을 겹겹이 껴입어 에스키모가 된 채 앉은 지은.
'저거 주고, 저것도 줘' 귀찮은 듯 햄버거를 주문 중인 상아를 보는데,
손톱이 빠졌던 아이의 손끝엔 역시, 서투르게 겹겹이 감긴 반창고.

시간 경과 —
지은과 마주 앉은 상아, 자기 얼굴만 한 햄버거를 먹는 지은.
상아, 공허한 눈으로 아이를 가만히 보다 이내 골치 아픈 듯 머리를 헝큰다.

상아 나도 모르겠다아.

지은, 그런 그녀의 눈치를 살피듯 먹던 햄버거를 가만히 내려놓자
그 모습에 또 마음이 약해진 상아.

상아 걍 마저 먹지.
지은 (고개를 젓는다)
상아 (잠시) 아까, 어디 갈라 그랬는데.
지은 … 배고파서…
상아 그 인간들, 밥은 안 주면서 돈은 주냐.
지은 때리면…
상아 (기가 막힌다)
지은 돈 줘요.

상아, 열이 오르는 듯 한숨을 내뱉으며 애꿎은 감자튀김만 부러뜨리는 손.

상아 너 이런 거, 아는 사람 없고?

고개 푹 숙인 채 대답 없는 지은에 입술을 깨물며 잠시 생각을 정리하던 상아, 긴 감자튀김 하나를 뚝 부러뜨리더니…

상아 일어나.

#25 파출소 앞 / 낮

경찰서 앞에 선 상아와 지은. 하지만 어떤 문제라도 있는지 상아는 갑갑한 얼굴로 지은을 내려다보고 있는데…

지은 안 돼요.

상아 왜?

지은 저기 가면… 또 집에 보내니까.

뒤로 물러서 하얗게 질린 얼굴로 상아와 파출소를 번갈아 보는 지은의 시선에서…

#26 (과거) 파출소 / 낮

딸랑– 맨발로 파출소 문을 열고 들어서는 지은.
만신창이가 된 지은의 퀭한 얼굴을 뻥한 얼굴로 보는 경찰 둘.

#27 (과거) 지은 집 / 낮

경찰 뒤로 숨은 지은의 시선으로 보이는 미경이 경찰과 대화 중이다.

경찰 애 훈육도 정도껏 하셔야죠. 앞으로 이런 일 없게…

열린 문 안으로 슥 돌아보는 일곤의 싸한 눈빛과 마주치자
아득해지는 지은의 시선.

#28 (과거) 지은 집 / 아침-낮-밤

조그만 창 밖에서 새어들어오는 햇빛만이 형체를 알아볼 수 있는
어두컴컴한 화장실 내부, 불규칙적인 숨소리가 들려오고,

추위와 공포에 바들바들 떨고 있는 아이의 조그만 실루엣이 보인다.

어느 순간, 자신의 발 아래로 드리우는 햇빛의 흔적을
가만히 만져보는 조그마한 손가락. 공포가 서서히 사그라지는 얼굴.
그제야 아이의 귓가에 그 조그마한 창밖으로 삶의 소리들이 들려온다.

차들이 지나다니는 소리, 동네 아줌마들의 수다 소리,
또래 아이들의 왁자지껄한 웃음소리에 귀 기울이는 지은의 얼굴.

조심스럽게 욕조에 발을 디뎌 힘겹게 눈만 빼꼼 창밖으로 내밀면,
또각또각, 여자의 구두 소리가 아이의 귓전을 울리는데…
언젠가, 집 앞을 지나쳐 가던 상아의 모습을 지켜보던 지은의 눈빛.

미경(OS) 야, 김일곤. 내가 니가 싸지른 딸까지 먹여 살리느라 어떤 놈들 똥구녕까지 핥고 다니는지 지금 몰라서 그래? 어?!

평화를 깨는 그 목소리에 욕조에서 발을 헛디뎌 와장창 구르는 지은.
고통에 무릎을 잡고 뒹구는 와중에도 문밖으로 다가오는 미경의 인기척에
자신의 존재를 없애려는 듯 세면대 아래 몸을 감춘 채 숨소리를 죽인다.
잠시 후, 벌컥 문을 열며 들어서는 미경을 보는 하얗게 질린 지은의 눈빛.

#29 카센터 / 낮

아득하던 지은의 시선이 다시 맑아지면, 상아가 보인다.
멀찍이 작업복을 입은 채 할배와 실랑이를 벌이고 있는 모습.

상아, 할배가 또 날로 먹으려 들었는지 깨끗하게 세차 끝난 차에
다시 콱 비누칠을 해버리고 돌아서고, 한숨 쉬는 할배가 또 만 원 한 장을
더 쥐여주자 그제야 또 인심 쓰듯 다시 작업복을 입는 상아의 모습에
그녀를 지켜보는 지은의 입가에 희미한 미소가 감돈다.

시간 경과 —
치마를 걷은 채 꾸부정하게 쭈그려 앉아 담뱃불을 붙이는 상아.
그 옆에 어색한 간격으로 같은 자세로 쭈그려 앉은 지은.
할배가 묘하게 희한한 그 투 샷을 물끄러미 보더니 설레설레 지나가고.

상아 근데 너, 어디 갈 데… 없냐?
지은 …
상아 물어본 내가… 시팔.

잠시 먼 산을 보던 상아의 귓전에 들리는 목소리.

지은 … 18…
상아 (흠칫) 야! (머뭇거리다) 너한테 욕한 거 아니야… 나한테 한 거야.
지은 …미쓰백은… 미쓰백이 싫어요?

속내를 들킨 듯 한동안 아무런 말이 없던 상아,
캬악 퉤, 담배를 끄고 일어서는데…

문득 맞은편 차창에 비친 지은의 모습에 시선이 간다.
자기와 똑같은 자세로 웅크린 채 쭈그려 앉아 손가락 장난을 하는 아이를 보는 눈빛이 꿈틀, 이내 무뚝뚝하게 툭 던지는 말.

상아 너 갈 데 없으면, 어디 가고 싶은 데는… 있냐?

아이가 선뜻 대답을 않자 상아, 슬그머니 핸드폰을 꺼내더니 뭔가 검색한다. 타닥타닥… '어린이가 좋아하는 곳' 검색 결과 — 뽀로로파크, 어린이과학관, 오션월드, 키즈랜드, 키즈뮤지엄…

아놔, 머리를 헝클던 상아, 지은의 시선이 카센터 한편에 세워진 택시의 광고판에 머무르자 따라서 슥 돌아보면 역시나.
상아의 얼굴이 묘하게 일그러지는 곳엔,
〈마이랜드 겨울방학 맞이 20프로 할인〉

#30 놀이공원 / 해 질 무렵

1. 테마파크

으아아, 디스코 팡팡 위에서 신난 아이들의 즐거운 한때.
귓전을 때리는 최신 가요들과 총천연색의 화려하고 거대한 놀이기구들이
좁은 빌라 속 지은의 세계와는 전혀 다른 세상처럼 보이는 광경.

요란하고 공포스러워 보이는 놀이기구들에 얼이 빠진 지은 뒤로 서서
이따위 장소 자체가 존재하지 않았으면 하는 얼굴로 선 상아.
막상 왔지만 놀이공원과는 전혀 어울리지 않아 보이는 모습이다.

2. 상점 앞 방파제

기념품들이 가득한 상점 앞에 선 지은, 온갖 예쁘고 깜찍한 모양들의
머리띠들에 시선이 뺏겨 있다가, 슥 상아를 돌아보는데,
상아는 '그런 거 따위 쓸 수 없다'는 만사 피곤한 얼굴로 외면한다.

버릇처럼 담배를 꺼내 물다 상점 주인의 눈총에 상점 앞으로 보이는
바닷가로 나가는데, 그곳 역시 아이들을 동반한 엄마들의 눈총과 금연 문구.

에라, 담배를 다시 집어넣는데 겨울 바닷바람은 왜 이리 매서운 건지.
윙– 귓가를 울리는 칼바람에 옷깃을 여미다 말고 잠시 시야에서 멀어진

지은을 찾아 돌아보던 시선이 멈추는데…

해 질 무렵의 겨울 바다, 매정하게도 사그라지려는 태양을 품은 수평선.
그 앞으로 지은, 태어나서 바다를 처음 보는 듯 멍하니 서 있다.

아이의 시선에 비친, 날아가는 새와 쉴 새 없이 몰아쳐오는 파도.
늘 어둠 속에 갇혀 지내던 지은의 눈앞에 펼쳐진 낯설고 경이로운 자연.

삶이 자신을 사랑하지 않더라도, 아직 세상을 포기하지 않았던 지은.
쿵쿵, 거대한 세상 앞에, 아이는 자신의 심장이 뛰고 있단 걸 느끼듯
상기된 얼굴에 희미하게 미소가 번진다.

상아, 그런 지은의 모습을 자기도 모르게 물끄러미 바라보게 되는
눈빛에 잔잔한 온기의 물결이 일기 시작하고…

고개를 돌려 그런 그녀를 바라보는 지은과 눈이 마주치자 어색한 듯
슥 바다 쪽으로 시선을 돌려 외면하는 상아의 방황하는 눈동자.
그런데 그녀의 얼굴이 어느 순간, 흠칫 상기되는데…

상아의 시선을 따라 내려가면, 다가와 그녀의 손을 잡은 지은.
처음 포장마차에서 상아의 손을 움켜쥐었을 때와는 다른 손, 다른 눈빛의 얼굴.

지은 고맙…습니다.

쑥스러워 쭈뼛대는 상아. 뭐라 대답은 해야 할 것 같은데

적당한 말이 없어 애써 고개를 돌리던 시선이 다시 어딘가에 꽂힌다.

3. 관람차 앞

결국 깜찍한 미키마우스 야광 머리띠를 마지못해 쓰고야 만 상아의 표정.
요란한 놀이기구 대신 동전 넣고 타는 목마에 지은을 태운 채
뒷모습을 물끄러미 보며 섰는데, 다정하게 지나가는 모녀에 시선이 가던 상아.

상아 근데, 니네 엄마… 어디 있는지 아냐?
지은 (잠시 머뭇거리다) … 천국.
상아 (냉소) 천국…
지은 아빠랑 나만 없어지면, 천국이라 그랬으니까.
상아 …
지은 미쓰백, 엄마는?

대답이 없던 상아, 지은의 풀어진 신발끈을 물끄러미 보더니
머리띠를 벗고 다가가 자세를 낮춰 앉아 묶어주는데…

상아 지옥에 있어, 우리 엄만.
지은 지옥…

상아가 뱉은 '지옥'이란 단어를 한참을 되새기던 지은.
자기 앞에 자세를 낮춰 앉은 상아의 머리를 가만히 쓰다듬는데…
자신도 숨 막히는 어둠에서 헤어나지 못하는 아이가 보내는 위로의 손길.

고개를 들어 그런 지은을 올려보던 상아의 시선이 문득 파르르…
마치 환상처럼 관람차 조명에 비친 지은에게서 스쳐가는 정명숙의 모습.
순간 마치 정명숙과 마주보는 듯한 느낌에 아득해지는 상아의 눈빛,
목덜미의 선명하던 흉터가 움찔.

슥 일어나 아이를 내려다보는 상아의 눈빛이 본래의 그녀로 돌아왔다.

상아 일어나. 집에 가자.

집이란 단어와 상아의 차가운 얼굴에 굳어버린 지은의 눈빛.

상아 왜? 내가 너 재워주기라도 할 줄 알았냐?

그러곤 매정하게 돌아서 가는 상아의 뒷모습을 보는 지은의 눈빛.
당장 달려가 치맛자락이라도 잡을 것처럼, 매달릴 것처럼 일렁인다.

#31 지은 집 - 복도 / 밤

결국 다시 공포의 집 현관문 앞에 나란히 선 지은의 그늘진 얼굴.
상아, 차가운 얼굴, 무거운 손으로 벨을 누르고 돌아서 계단을 내려가는데…

잠시 후, 도어락이 풀리며 문이 열리는 동시에 상아의 등 뒤에서

펵, 소리와 함께 들려오는 둔탁한 굉음.

일곤 내가 나다니지 말라고 했지.

순간, 본능적으로 돌아보는 상아의 눈앞에서 벌어진 믿을 수 없는 광경.
문을 열어준 일곤이 문 앞에 선 지은의 복부를 걷어찬 듯
나가떨어진 지은의 목덜미를 잡고 집 안으로 질질 끌고 들어가는데…

상아, 순식간에 벌어진 상황에 놀라 달려 올라가 문이 닫히기 직전에
벌컥, 그 문을 잡아 열고 집 안으로 달려드는데,
일곤에게 덜미를 잡힌 채 세탁실 안으로 내팽개쳐진 지은을 보고
구둣발로 달려들어 그를 밀치더니 지은을 일으켜 막아선 채 노려보는 얼굴.

상아 야, 이 새끼야. 너 지금 뭐 하는 거야!
미경 언니, 지금 뭐 해요?

일곤의 등 뒤로 술 취한 듯 시뻘게진 얼굴의 미경이 슥 일어서는 모습.
둘이 족발 등의 야식을 시켜서 한잔하던 분위기였나보다.

미경 대체, 왜 이러는 건데요…

족발 뼈다귀를 뜯던 조이가 상아의 등장에 자기 주인 편을 들 듯 왕왕!
상아, 그 모든 광경에 이마에 핏대가 서는 얼굴.

상아 니들, 자꾸 이딴 식으로 다시 애한테 손대면…

미경 손대다니, 내가?

상아의 말이 어떤 민감한 부분을 건드린 듯 눈빛이 싹 바뀌는 미경.
다가오더니 상아 뒤에서 잔뜩 움츠려 있던 지은을 슥 본다.

미경 니가 그렇게 얘기했니?

바스라질 것 같은 지은의 팔목을 잡은 손에 힘이 들어가는 상아.
미경, 뒤에 숨은 아이의 팔목을 낚아채려 하자 상아, 그 팔을 탁 잡는데…

상아 하지… 마라.

상아의 날선 눈빛에 더 오기가 생기는 미경의 조소.
일곤, 귀찮은 상황이 생길 걸 알아차린 듯 방문을 닫고 들어가버리고.

미경 너 따위 인생이 뭘 안다고 남의 인생에 자꾸 끼어들어? 그깟 여자들 등짝이나 주무르면서 사는 너 같은 인생이.

취기에 본색을 드러내며 손을 뿌리치려는 미경을 끝끝내 놓아주지 않는 상아의 살기.
날카롭게 왕왕 짖어대는 조이 때문에 더 긴박하게 느껴지는 상황.

미경 너 강아지 새끼 한 마리 키워보기나 했어? 니가 책임지고 먹여 살릴 거 아니면 어쭙잖게 참견 말라고!

상아, 금방이라도 폭발할 것 같지만 더 이상 말 섞을 가치도 없단 듯 미경의 팔을 팽개쳐 밀쳐내고 지은을 데리고 나가려는데, 뒤에서…

미경　　그래 뭐, 그렇게 눈에 밟히면…

상아　　… (멈춰 선다)

미경　　한 1억에 사가든가.

그 말끝에 피식 하는 미경의 눈빛에 눈가가 파르르 떨리던 상아. 순간, 끈이 풀려버린 맹수처럼 그대로 미경에게 달려든다!

#32 파출소 / 밤

난동 때문에 연행되어온 듯 데스크 앞에 앉은 미경과 일곤, 그리고 상아. 그 뒤로 의자에 앉은 지은의 팔과 다리에 상처를 살피고 있는 경찰1.

경찰1　　이 상처는 어떻게 된 거야?

지은의 시야에 경찰 뒤로, 그녀를 보는 일곤과 미경. 그리고 상아, 대답을 망설이던 지은과 마지막으로 마주친 건 미경의 싸한 눈빛.

지은　　… 넘어진 거예요, 내가.

그 대답에 상아가 한숨 쉬는 걸 물끄러미 보는 지은의 시선.
경찰1, 상아가 지은 손에 감아준 반창고도 뜯어서 사진을 찍는데,
그 모습을 보더니 불쑥 끼어드는 미경.

미경　김지은, 그 손 그만 뜯으라고 했지?
(경찰에게) 아니, 얘가 손톱 뜯는 버릇이 있어서…

상냥하게 웃어 보이는 미경에 일단 사진 찍는 걸 마무리한 경찰1이
데스크 쪽으로 들어오자 의자에 잔뜩 기대앉은 파출소장.
차갑게 눈을 내리깐 상아와 공손한 자세로 앉은 미경을 번갈아 보다
골치 아픈 듯 머리를 벅벅 긁으며…

소장　거, 옆집 주민도 애 울고 그런 소리 들은 적 없다 그러고, 방학이라 학교에 물어보기도 거시기 하고…
상아　내 눈으로 봤단 말은, 씹냐?

'왜 반말을…?' 보던 소장, 금방이라도 달려들 것 같은 상아의 눈빛에…

소장　아니, 이게 잘못하면 골치가 아파지는 문제라서 그래요. 일단 지금은 이렇다 할 증거도 없고, 거, 법은 잘 알지만 우리가 뭐라 판단하긴 힘드니까, 아이도 아니라고 하는데. 좋게좋게 해결합시다.

그때, 누군가와 통화하던 경찰2가 소장에게…

경찰2　상황이 심각하다고 판단되는 경우만 그럴 수 있다네요.

소장 (강조) '상황이 심각'하다고 판단되는 경우…라잖습니까?

상아, 지은의 상처를 살피던 경찰1을 슥 돌아보자 시선을 외면하고,
이 일에 관심이 조금도 없는 듯 의자에 기댄 채 다리를 달달 떠는 일곤과
안도하는 표정의 미경을 보는 상아의 참담한 얼굴.

소장 조만간 기관에 연락해서 사람 보낼 테니…

미경 근데, 이 여자가 우리 동의 없이 애 데리고 간 거랑, 집에서 난동 부린 건요? 주거침입에 폭행, 인신공격 다 넣어야지 않나요?

소장 (상아에게) 근데, 아이랑은 어떤 사이…?

상아, 쉽게 뭐라 대답하지 못하자 내내 그녀를 아래위로 보던 소장.

소장 일단 신분증 좀 줘보시겠어요?

순간, 얼굴이 싹 굳는 상아, 어떤 반응도 없이 소장을 빤히 보는데…

소장 신분증 없으면 주민번호 여기 적어주시고요.

싸한 얼굴로 앉아 있던 상아, 무거운 손으로 볼펜을 집어 번호를 적고,
컴퓨터로 상아의 주민번호를 조회하던 경찰2의 표정 변화를 보는 상아.
역시나… 특이사항을 발견한 듯 소장을 부르는 경찰2.

상아, 모니터와 자신을 번갈아 보는 경찰들의 시선에 손에 힘이 들어간다.
하… 당장 이 자리에서 꺼져버리고 싶은 듯 눈가가 파르르 떨리고,

얼굴이 하얗게 질리는데, 그런 그녀를 이상하게 보는 미경.

소장 거, 백상아…

소장이 입을 열던 찰나, 상아의 시선이 그녀를 둘러싼 경찰들과 미경, 일곤. 그리고 지은의 시선이 부딪히자 현기증이 일 듯 흐릿해지는데…

소장 (뒤늦게 호칭을 붙인다) 씨… 99년도에 전과…

그때, 퍽, 그 말문을 막듯 문을 열고 들어서는 장섭, 황망한 얼굴로 상아를 본다.

#33 지은 빌라 앞 - 장섭 차 / 밤

운전석의 장섭 옆으로 조수석에 앉은 상아, 담뱃불을 붙이는 뒤로 지은을 데리고 빌라 건물로 들어가는 일곤과 미경의 모습.

장섭 (한숨) 저 조그만 걸 때릴 데가 어디 있다고. 일단 센터 직원이 조만간 방문하겠다니까, 지켜보자.

미경에게 팔목이 잡혀 들어가던 지은, 끝까지 상아를 돌아보는데, 어쩐 일인지 연기를 뱉으면서도 끝끝내 지은을 돌아보지 않는 상아.

장섭, 빌라 현관의 닫히는 문틈 사이로 지은의 눈빛이 사그라지던
그 순간, 담배를 쥔 상아의 손이 파르르 떨리는 걸 본다.

#34 야산 / 새벽

뿌연 공기 아래 회색빛 공단 건물 위, 굴뚝에서 피어오르는 수증기가
매섭게 불어오는 바람을 타고 흩어져가는 도시의 풍광 위로
누군가 울부짖는 소리, 찢어지는 듯한 고함 소리, 달려가는 발소리,
온갖 소리들이 불규칙하게 뒤섞여 들려오고…

새벽녘의 야산의 풍광 속으로 우르르 몰려가는 전경들과
달려가는 감식반들 사이로 서 있는 장섭. 뭔가를 망연자실 보는 얼굴.
삽질로 파헤쳐진 흙구덩이에 누워 있는 조그마한 몸뚱아리.

감식반들이 그 사체를 들어내 둘둘 감고 있던 담요를 벗겨내자
7~8세 정도로 보이는 남자아이의 시신이 모습을 드러내는데,
순간, 사체 주변의 모든 사람들 차마 볼 수 없다는 듯 고개를 외면하고,
여기저기서 터져나오는 탄식 같은 신음 소리.

언뜻 스치는 아이의 모습, 이미 싸늘하게 식어버린 얼굴은 구타당한 듯
이목구비를 알아볼 수 없을 정도로 망가져 있고,
손가락은 본디 굽어져 있어야 할 반대 방향으로 기이하게 꺾여 있다.

처참한 그 모습을 차마 보지 못하고 눈을 질끈 감는 장섭의 귓가에
우르르르, 정체를 알 수 없는 굉음이 왕왕거리는 가운데…

한 여자가 제지하는 순경과 실랑이를 벌이며 피울음을 토하는 옆으로,
또 다른 여자는 모자를 눌러쓴 채 수갑을 차고 순경에게 붙들린 모습.

둘이 서로와, 그리고 아이와 각자 어떤 관계인지 설명되진 않는 상황.
그 두 여자의 모습을 지켜보던 장섭. 순간 어떤 생각과 만감이 교차하는
얼굴로 돌아서 터벅터벅 언덕 아래로 내려가는 발걸음.

장섭(OS) 아니, 이놈의 땅덩어리에서…

#35 장섭 차 안 - 납골당 / 낮

장섭, 거칠게 핸들을 돌리며 센터 직원과 통화 중인데…

장섭 저거 부모한테 처맞고 사는 아들이 몇 십만이라는데, 그 아들이 갈 수 있는 시설이 뭔 동네 노래방 숫자보다 적다는 게 말이 됩니까? 시팔.
센터(OS) (장섭의 욕에 당황한 듯) 여보세요?

어딘가 도착한 듯 끽– 차를 세우고 신경질적으로 전화를 끊어버린 장섭.

차에서 내리며 잠시 분을 삭이더니 다시 어디론가 전화를 거는데…

#36 상아 집 / 낮

장섭과 통화 중인 상아, 그녀 뒤로 보이는 어수선하게 어질러진 방. 각종 박스들이 쌓인 모습이 곧 이사를 가는 것 같은데…

장섭(OS) 센터에서 일단 주기적으로 방문은 하겠다니까.

마지막 박스에 거칠게 테이프를 바르던 상아.

상아 그래, 개도 한 마리 못 키워본 내가…

장섭(OS) 어?

상아 내가 뭐에 홀렸었나봐. 그러는 게 아니었는데.

상아, 그 박스에 걸터앉아 공허한 얼굴로 창밖만 바라본다.

#37 납골당 / 낮

1. 사무실

납골당 신청 서류에 쓰이고 있는 장섭의 무뚝뚝한 글씨체와 투박한 손.
신청인을 적는 칸에 '백상아' 이름을 썼던 손이 잠시 망설이다
슥슥, 그 이름을 지우더니 '장섭'이라고 적는다.

2. 내부

비어 있는 자리에 들어서는 정명숙의 유골함을 우두커니 지켜보던 장섭.
걸려오는 전화를 받는다.

복지사(OS) 장섭 형사님, 되시죠?

#38 동사무소 내부 / 낮

장섭, 정명숙 사망현장에서 봤던 사회복지사와 마주 앉았다.
자판기 커피잔을 만지작거리는 복지사의 손을 보는 장섭의 눈빛.

복지사 일주일에 한 번씩 전화를 드리고, 1~2주 정도 통화가 안 되면 찾아가서 무슨 일 없는지 확인을 해야 하는데… 당시 복지과 인사구조 개편이 있어서 한 달 찾아뵙질 못한 사이에 그렇게…

장섭 뭐, 남부서에서도 조사 받느라 뒤숭숭하셨을 텐데, 저까지 전화로 계속 귀찮게 해서 죄송합니다.

복지사 아니에요. 근데 최초 발견자라는 그게, 참 그렇더라구요. 여사님 마지막 모습이 며칠간 지워지지 않아 힘들었어요. 생전에 여사님께 들었던 이야기가 생각나서 그랬나…

어떤 이야기를 시작하려는 복지사를 슥 돌아보는 장섭의 얼굴.

복지사 정여사님이 남편분과 사별하시고, 우울증이 극에 달했을 때 술 취하면 따님한테 손찌검을 하셨다고 많이 괴로워하셨어요.

#39 지은 집 / 낮

미경, 속옷 차림으로 화장대 앞에서 립스틱을 바르며 통화 중.

미경 잘 있죠. 모레요? (얼굴을 구기지만) 네, 그때 오세요.

전화를 끊고 외출 준비를 하는 미경, 일곤을 부른다.

미경 김일곤.

옆방으로 가보니, 역시 모니터 앞에서 등만 보이고 있는 일곤.
술 마신 듯 키보드 옆으로 뒹굴고 있는 맥주캔들.

미경 모레 센터에서 또 온다니까 저 애 나가는지 잘 보고 있어. 그때까진 손도 대지 마. 없던 상처 생기면 골치 아프니까.

어디선가 끙끙대는 소리가 들리는데, 세탁실 앞에서 문을 긁고 있는 조이.
치료 중인 듯 엘리자베스 칼라(목 보호대)를 쓴 조이를 안아 든다.

미경 (우쭈쭈) 이렇게 아픈데 옷 따숩게 입고 나가야지.

미경, 잠겨 있던 세탁실 문을 열고 널어뒀던 개 옷을 꺼내려는데,
문을 열자마자 한기가 닥치듯 몸을 부르르…

미경 어우 추워.

바닥에 널브러진 채, 발에 걸리적거리는 듯 미경이 툭툭 차는 것들은
어딘가 가격한 듯 찌그러진 철사 옷걸이들과 밀대인데,
옆으로 카메라 이동하면, 세탁기 옆으로 웅크려 누운 가녀린 몸뚱아리.

상아가 사준 내복의 한쪽 팔이 찢겨져 드러난 맨살이 빨갛게 붓고
멍든 채 추위에 부르튼 손과 발이 노끈으로 묶인 지은이다.
바싹 마른 입술, 눈을 감은 창백한 얼굴은 미동조차 없는데…

역시나 아이가 마치 물건인 것처럼 눈길도 주지 않고 개 옷만 걷던 미경.
나가려다 지은을 내려다보더니 발끝으로 그 갈비뼈를 툭 건드려보는데,
그제야 쿨럭, 마른기침을 하며 꿈틀하는 지은.

미경 깜짝아.

지은이 죽은 줄 알았던 듯 안도하고 그대로 문을 쾅 닫고 나가는 미경.
그녀가 나간 뒤로도 한동안 꼼짝 않고 웅크린 채 덜덜 떠는 지은.
그런데 순간, 웅- 진동과 소음에 잠식당한 내부. 보일러 돌아가는 소리.

아이는 손과 발이 결박된 채 세탁실의 추위와 공포에 떨고 있는데,
집 안은 난방이 돌아가기 시작한다.

#40 네일샵 / 낮

멍하니 앉은 상아의 뒷모습 위로 웅- 보일러 소리가 이어지고…

샵주인 / 지은 (OS) 미쓰백.

그 보일러 소리에 묻힌 소리가 마치 지은의 목소리처럼 들리기도
하는데…

샵주인 얘, 쓰백아!

그제야 보일러 소리가 툭 끊기며 정신을 차리는 상아의 얼굴.
샵주인과 마주앉아 정산 중이었던 것 같다.

샵주인 얘가 돈 앞에서 멍을 다 때리고. 퇴직금까지 넣었어.

상아, 들고 있던 봉투 속 금액을 대충 확인하더니 애써 웃어 보이며 일어선다.

샵주인 에휴, 그래도 쓰백이 너만큼 하는 애도 없었는데.
상아 장미가 내 몫까지 잘할 거예요.

샵 물건들을 정리한 가방을 챙기는 상아 뒤로 서운한 듯 보는 장미.

장미 어쩐지 요즘 장섭이 오빠가 자주 들락거리더라니. 진짜 오빠랑 살림이라도 차리는 거예요? 설마 임신?

그때, 개 파카를 입은 조이를 안고 가게로 들어온 미경.

미경 (시계를 본다) 어머, 늦었다.

장미에게 조이를 안겨주더니 거울을 보고 바쁘게 머리를 매만지는데…

장미 쪼이, 아빠한테서 도망와쪄요.

샵주인 그 인간 잠잠하다 했더니 또 시작이구나?

미경 김일곤 그 인간 술 먹음 도는 거 때문에 내가 돌겠어. 빨리 갔다 올 테니까 좀 부탁해요.

미경, 샵을 나가려다 말고 상아와 눈이 마주치자
마치 모르는 사람처럼 인사도 없이 쌩하게 나가버리는데…

샵주인 뭐야, 둘이 무슨 일 있었어?

돌아서는 상아, 뭔가 걸리는 듯 입술을 뜯는 얼굴.

#41 지은 집 앞 / 해 질 무렵

드르륵 끌리던 트렁크의 바퀴가 어느 순간 멈춰 서고,
흠칫, 트렁크 손잡이를 쥔 손에 힘이 들어간다.

지은의 집 앞 모퉁이에 놓인 쓰레기봉투에 시선이 가는 상아.
그 속엔 상아가 지은에게 사줬던 옷가지들이 애처롭게 버려져 있는데,
슥, 지은의 집을 올려보는 얼굴.

#42 상아 집 앞 / 해 질 무렵

시동 걸린 차를 세워둔 채 상아의 빌라에서 나오는 장섭.
손목시계를 확인하고 상아에게 전화를 걸며 차에 올라타는데…

장섭 내 지금 너거 집 앞인데, 니 어디고?

#42 지은 집 앞 / 해 질 무렵

상아, 장섭의 전화를 끊고 쓰레기봉투 속 지은의 옷을 뒤로한 채
다시 트렁크를 끌고 떨어지지 않는 발걸음을 옮기는데…

#43 지은 집 내부 / 밤

1. 세탁실

컴컴한 세탁실 바닥에서 끈으로 손이 뒤로 묶인 채 벌벌 기는 지은.
힘들게 기어 도착한 곳은 바닥 청소용으로 낮게 달린 수도꼭지.

목이 타는 지은, 등 뒤로 손이 묶여 있어 꼭지를 돌릴 수 없자
입으로 물어서 돌리려 하지만, 워낙 꽉 잠겨서 잘 돌아가지 않는다.
너무도 목이 말랐던지 간절함에 눈물까지 고이는 얼굴.

지은, 줄을 풀려 안간힘을 다해 몸부림치는데, 눈물이 핑 돌 정도로
이를 악물던 어느 순간, 시뻘겋게 달아오른 손목을 옥죄던 줄이
결국 풀어지고, 오랜 시간 묶여 있었던 듯 팔이 마음대로 움직이지 않아
힘겹게 수도꼭지를 틀어 졸졸 흐르는 물로 입을 적시는 순간…

일곤 마시지 마.

어둠 속에서 들리는 그 목소리에 헉, 순간 공포에 질린 지은의 얼굴.
열린 미닫이문 틈을 통해, 검은 그림자가 그녀를 지켜보고 있었다.

일곤 마시면 살잖아.

공포에 휩싸인 지은의 눈동자가 물을 잠그는 것도 잊은 채 그를 본다.
드륵, 일곤이 세탁실 문을 열고 들어와 수도꼭지를 잠그고.

2. 거실

지은, 그 틈을 타 벌벌 기어 세탁실을 나와 거실로 도망치려는데,
아직 발을 묶고 있던 끈이 풀리지 않아 몸이 제대로 말을 듣지 않는다.
이내 등 뒤로 드리우는 일곤의 그림자를 올려보는 지은의 눈.

그 앞에 자세를 낮춰 앉은 일곤. 둘은 잠시나마 서로의 얼굴을 바라본다.

지은　　아… 빠…

일곤의 싸한 눈빛에 나무껍질처럼 갈라진 지은의 입술이 힘겹게 떨어진다.
간신히 토해져나오는 그 실낱같은 목소리에도 반응 없는 일곤의 얼굴.
사시나무처럼 떨리고 있는 지은의 다리 위로 뚝 떨어지는 눈물.

지은　　살려줘…

껙껙대며 울음을 참는 지은의 애달픈 얼굴.

지은　　살려줘… 제발…
일곤　　거슬려, 그 울음소리. 거슬린다고!

달빛에 드러나는 일곤의 눈은 술에 만취해 광기가 서려 있는데,
그 눈빛에 트라우마가 있는 듯 공포에 울음조차 그치는 지은.

일곤　　이렇게 살아서 뭐 하게? 그냥 죽는 게 너도, 나도 편하지 않겠어?

일곤, 자책하듯 머리를 헝클며 이내 미친 듯이 자기 머리를 때리더니
횡설수설하기 시작하는데…

일곤　　그 시발년이 지 멋대로, 그냥 막 싸지르는 게 아니었는데. 내가 태
어나지 말자고 했는데 니가 태어나가지고 내가… 썅, 그냥 다 뒈져

버려!!

순간, 돌변해 달려들어 지은의 목을 조르는 일곤.
그대로 목이 붙들린 지은. 숨이 막힌 채 바동거릴 힘도 없다.
점점 낯빛이 바뀌어가는 지은의 눈물 고인 얼굴, 일곤과 눈이 마주치는 순간…

지은 태어나서… 미안해.

그런 지은과 눈이 마주쳐도 안색 하나 바뀌지 않는 일곤을 바라보던 지은.
마지막으로 발버둥을 치던 몸에 점점 힘이 풀려가며
동공이 확장되어 집 안의 소리들이 아득하게 사라져가던 어느 순간…

또각또각…

미쓰백의 구두 소리. 정적 속에 점점 가까워지는 그 구두 소리만이
선명하게 들려오기 시작하며 희미해지던 지은의 동공 초점도
다시 선명해지고, 띵동. 이내 정적을 깨는 날카로운 초인종 소리.

순간, 일곤의 손에 힘이 풀리고 동시에 탁, 숨통이 풀리는 지은의 얼굴.
다시 띵동. 현관문 밖에서 인기척이 느껴지자 슥 돌아보는 일곤.

#45 지은 집 복도 / 밤

지은 집 앞에 선 상아. 다시 벨을 누르려던 찰나,
집 내부에서 어렴풋이 핸드폰 벨 소리가 들려오는 것 같다.

#46 지은 집 내부 / 밤

1. 거실

굳은 얼굴의 일곤, 그제야 정신이 드는 듯 축 늘어져 있는 지은을
질질 끌어 화장실 안으로 집어넣어버리고 문을 닫더니
서둘러 작은 방으로 와서 전화를 받는다. 취한 미경의 목소리.

미경(OS) 야, 너 딴 여자랑 뒹굴고 있는 거 아니지?

전화를 끊어버린 일곤, 문밖에서 다시 문 두드리는 소리가 들리는데…

상아(OS) 김지은…!

2. 화장실

차가운 타일 바닥에 만신창이가 된 채 널브러진 고사리손이 순간, 꿈틀…

상아(OS) 지은아!

마치 아이를 깨우려는 듯 다시 귓전을 울리는 그 목소리에
희미하게 눈을 뜨는 지은.

#47 지은 집 복도 / 밤

상아, 내부의 인기척에 귀 기울이지만 아무 소리도 들리지 않고..
드르륵- 장섭에게서 걸려오는 재촉 전화가 울리자 잠시 망설이다
마음을 접고 돌아서는 발걸음.

#48 지은 집 내부 / 밤

일곤, 현관문 앞에 서 있다가 밖에서 상아의 구두 소리가 멀어지자
화장실을 한번 슥 돌아보고 작은 방으로 들어가버린다.

애가 죽었는지 살았는지 관심 없는 듯 들려오는 요란한 게임 사운드.

#49 지은 집 화장실 / 밤

바들바들 떨리는 손으로 발을 묶고 있던 끈을 풀어낸 지은.
화장실 문을 열려고 하지만 밖에서 잠겨 있고…

창밖으로 멀어지는 상아의 구두 소리를 듣자, 안간힘을 다해
바닥을 벌벌 기어가 욕조를 짚고 올라서 창틀을 잡고 틈새로 밖을 보는데,
트렁크를 끌고 가는 상아가 지은의 집을 한번 슥 올려보더니
무거운 발걸음으로 멀어져가는 모습이 보인다.

'미쓰백… 미쓰백…!'

목이 막혀 목소리가 나오지 않지만, 온 힘을 다해 울부짖듯
그녀를 부르는 지은의 볼을 타고 서러운 눈물이 뚝뚝 떨어지고…
상아의 모습이 사라져가던 그 순간을 마지막까지 지켜보던 지은의 얼굴.

#50 거리 - 장섭 차 안 / 밤

1. 거리

기다리고 있던 장섭의 차로 향하는 상아의 무거운 발걸음과 얼굴.
차에 있던 장섭, 룸미러로 상아가 오는 걸 보자 내려서 트렁크를 싣고…

2. 장섭 차 안

장섭이 조수석에 타는 상아를 흘깃 보는데 어딘가 심란해 보이는 눈빛.
둘 사이 잠시, 마음의 채널이 다른 침묵이 흐르고…

장섭 오늘, 너거 어머니 납골당에 모시고 왔다.
상아 …
장섭 잘 모셨으니까, 걱정 마라.

장섭, 잠시 망설이던 끝에 파카 안주머니에서 봉투 하나를 건네는데…
상아, 그 봉투 안에 있던 걸 꺼내보면, 손때 묻은 통장 하나.

장섭 너거 어머니 마지막까지 돌보셨던 복지사님이 주시더라. 꼭 전해 달라 부탁 받았다고.

그 통장을 만지작거리며 가만히 내려다보는 상아,

감정을 알 수 없는 얼굴.

장섭 사실 너거 어머니…

상아 나중에.

장섭 …

상아 지금 말고 나중에, 이야기해줘.

장섭. 더 말을 잇지 않고 시동을 걸고 차를 출발시킨다.
담뱃불을 붙이는 상아의 눈동자 위로 점점 빠르게 스쳐가는 불빛들 속,
그녀의 눈빛이 뭔가 직감한 듯 어느 순간, 동요하기 시작하는데…

#51 지은 집 앞 / 밤

위태롭게 동요하고 있는 지은의 눈빛. 어느 순간, 용기를 내어
세면대 위로 발을 디디는 동시에 만신창이가 된 손이 창틀을 턱 잡는데…

창밖으로 고개를 내민 지은, 아이의 시선으론 까마득해 보이는 2층 높이.
하… 어두컴컴한 밤공기로 퍼지는 지은의 절망적인 입김.
어른의 몸으로는 빠져나올 수 없는 자그마한 창문을 빠져나오려 한다.

양손으로 위쪽 창틀을 잡은 채 아래로 다리 한쪽을 먼저 꺼내
위태로운 배관 위로 발을 딛고, 나머지 한쪽 다리를 빼서 나오려는데…

건물 사이라 조명이 밝지 않아 어두컴컴한 공간, 지은이 발을 내딛다 말고 아래를 내려다보면 마치 까마득한 어둠 속으로 떨어질 듯한 느낌까지.
하아하아… 공포에 질려 점점 거칠어지는 아이의 숨소리.

지은의 발끝이 더듬더듬 가스 배관에 발을 내딛고 무게를 싣자 끼익-
배관이 견뎌내는 소리에 꼴깍, 마른침을 삼키는 지은의 하얗게 질린 얼굴.

상아(OS) 잠깐.

#52 도로 - 장섭 차 안 / 밤

빠르게 스쳐가는 불빛들 속, 파도가 일렁이고 있던 상아의 눈빛.

상아 차 세워봐.
장섭 니, 뭔 일 있제?

장섭의 시선이 가는 곳엔 언젠가처럼 담배를 쥔 상아의 손이 파르르 떨리고 있다.

장섭 그 애 때문이가…?

장섭의 차가 1차로로 진입하려 하자 점점 마음이 다급해지는 상아.

상아 차 세우라고!

#53 지은 집 앞 / 밤

지은의 발이 내딛은 배관은 무게를 지탱하기 역부족인지 움직일 때마다 삐걱 소리를 내고, 한 걸음, 두 걸음, 창틀을 잡고 옆으로 이동하며 점점 악몽의 집과 그 화장실을 벗어나는 위태로운 지은의 모습.

더 이상 다다를 곳이 없자 손을 뻗어, 옆으로 늘어져 있던 케이블 뭉치를 잡고 계속 옆으로 이동해 도로 쪽으로 나오던 그때, 맞은편 골목으로 들이닥치는 헤드라이트 불빛, 헉, 돌아보는 얼굴.

정면으로 서행해 들어오는 차를 보던 지은. 들키지 않으려 케이블을 잡은 채 벽에 몸을 바짝 붙여 웅크리고… 차의 불빛이 사라질 때까지 케이블을 꼭 붙든 손은 추위에 시뻘겋게 얼었다.

다행히 그 차는 지은을 보지 못한 듯 지나쳐가는데, 그사이 지은이 쥐고 있던 고정된 케이블 뭉치가 헐거워져 버티지 못하고 후두둑 떨어지고, 순간 추락할 듯 크게 휘청이는 지은의 몸.

#54 도로 / 밤

끽– 도로 한복판에서 서는 차에서 내린 상아,
왔던 방향으로 내달리는데…

장섭 야, 백상아!

장섭, 차에서 내려서 잡지만 돌아보지 않고 달려가는 그녀의 뒷모습.
난감한 장섭, 다시 차를 돌리려는 듯 올라타 끼익– 출발하고…

#55 거리 / 밤

도로를 가로질러 지은의 집 쪽으로 달려가는 상아의 이를 악문 얼굴.

FB #41. 쓰레기봉투에 애처롭게 버려져 있던, 상아가 지은에게 사줬던 옷가지들,
FB #49. 그리고 상아가 지은의 집을 올려봤을 때 무심결에 놓쳤던, 화장실 창에 희미하게 비치던 지은.

본능적으로 뭔가 느껴지듯 눈가에 눈물이 맺혀오는데…

#56 지은 집 앞 / 밤

역시 눈가에 눈물이 맺힌 지은의 하얗게 질린 얼굴.
이내 더 뜯어질지도 모르는 케이블을 잡은 채 아슬아슬하게 버티고 있다.
이대로 다시 돌아갈 수도, 뛰어내릴 수도 없는 상황. 절망적이다.

공포와 절망에 휩싸인 그때, 휘이잉– 싸늘하게 불어오는 바람이
머리칼을 스치고, 귓가를 스치는 바람 소리에 떠오르는 기억.

FB #30. 놀이공원과 해변의 바람 소리와 파도 소리. 날아가는 새,
그리고… 상아.

하아하아… 눈을 질끈 감고 있던 지은이 다시 슥, 눈을 뜬다.
삶에 대한 애착으로 이를 악무는 눈빛. 용기를 내야 한다.

까마득한 아래 발이 닿을 만한 헌옷수거함을 내려다보는 시선.
눈을 질끈 감은 채 잠시 숨을 고르고 한쪽 발을 디디려던 그 순간,
추위에 얼어버린 발이 미끄러져 그대로 퍽, 추락해버리는데…

#57 거리 / 밤

끼이익– 귓전을 때리는 날카로운 브레이크 소리.
골목으로 내달려 들어온 상아를 보지 못하고 뒤늦게 브레이크를 잡은
승합차가 그녀를 거의 들이받을 듯한 간격에서 멈춰 섰는데…

운전자가 놀라 주춤 차에서 내리려는 앞으로,
순간 헤드라이트에 비친 상아의 광기에 서린 간절하고도 필사적인 얼굴.

운전자　　괘… 괜찮아요?

하지만 거친 숨을 몰아쉬며 그대로 다시 미친 듯이 내달리는 상아.
헉헉… 그녀의 숨소리가 마치 울부짖는 것처럼 밤공기를 울리고…

#58 지은 집 앞 / 밤

어둠 속, 마치 기절한 것처럼 바닥에 떨어진 채 엎어져 있던 지은.
마치 상아의 그 숨소리를 들은 듯 고개를 드는 시선이 흐릿하다.

온 힘을 다해 일어나지만, 추락의 충격 때문인지 복부를 잡은 채
고통을 삭히다 비틀, 얼음장 같은 맨바닥을 시퍼런 맨발로

한 발, 두 발, 내딛기 시작하는데…

#59 슈퍼 골목 / 밤

지은의 빌라가 보이는 골목으로 냅다 달려 들어오는 상아의 발걸음.
거친 숨을 몰아쉬며 내달리던 어느 순간, 멈춰서는 눈빛.
시커먼 소굴 같은 빌라를 빠져나온 지은의 모습을 목도하는 그녀의 순간.

마치 잃어버린 어미를 찾아 헤매는 어린 짐승처럼 절박한 얼굴로
비틀거리며 자신을 향해 힘겨운 걸음을 옮기는 광경에
온 시공간이 멈춘 것처럼 숨이 턱 멎는 얼굴로 지은을 보는 얼굴.

지은, 생채기가 난 얼굴로 고개를 들어 상아와 눈이 마주치는 순간,
흡, 그 자리에서 북받쳐 터져버린 상아의 눈물.

미친 여자처럼 온통 헝클어진 모습으로 우두커니 선 채 터진 울음을
참아내느라 차마 아이에게 달려가지도 못하는 상아 앞으로…

하아하아… 지은은 마치 걸음마를 뗀 갓난아기가 엄마 품에 안기기 위해
사력을 다해 걷듯 상아에게 도달하려 비틀비틀 걸음을 옮기는데.
지은이 계단에서 발을 헛디뎌 풀썩 쓰러지던 그 순간에 달려든 상아.

탁, 마치 낚아채듯 지은을 품에 끌어안는 어미 맹수와도 같은 눈빛…

#60 슈퍼 골목 - 장섭 차 안 / 밤

핸들을 잡은 채 상아에게 전화를 거는 장섭. 계속 전화를 받지 않자
갑갑한 듯 턱수염을 벅벅 긁으며 슈퍼 골목으로 들어서는데,
계속 주위를 두리번거리지만 모습은 보이지 않고…

#61 슈퍼 골목 / 밤

헉헉… 달려가는 상아 앞에 펼쳐진, 칠흑 같은 아스팔트와 어두운 밤공기,
그 위로 하얗게 퍼지는 입김과 번뜩이는 그녀의 눈빛.
다시는 놓치지 않으려는 듯 아이를 품에 안아 머리와 허리를 감싸쥔 손.

상아, 지은을 들쳐 안은 채 슈퍼 골목을 도망치듯 달려나오고 있는데,
큰길로 접어들던 찰나, 맞은편에서 달려오는 헤드라이트 불빛.
장섭의 차다.

그런데 그 불빛과 장섭을 보자 짧은 순간 갈등하던 상아의 얼굴…

본능적으로 지은을 끌어안고 상점 뒤로 훅 몸을 숨겨버린다.

그런 그녀를 지나쳐가는 장섭의 모습을 지켜보던 상아의 충혈된 눈빛.
그의 차가 그곳을 빠져나간 후에야 다시 큰길로 달려가더니
맞은편에서 달려오던 택시에 뛰어들어 막아서듯 잡아서 올라타는데…

#62 도로 - 택시 안 / 밤

택시 기사가 룸미러로 뒷좌석에 앉은 상아와 지은을 살피는 시선.
상아의 품에 안긴 지은, 뭐가 두려운지 그녀의 목덜미를 끌어안은 채
쌔근쌔근 숨만 몰아쉴 뿐 상아의 얼굴을 마주보지 못하는 것 같다.
어느 순간, 그런 지은의 귓가에 들려오는 목소리.

상아　　미안.

빨갛게 얼어붙은 지은의 귓전을 울리는 상아의 그 목소리.
마치 귓속으로 들어와 핏줄을 타고 흘러내려와 심장에 박힌 듯
상아의 목덜미에 파묻혀 있던 지은의 얼굴에 온기가 돌고
얼어 있던 눈빛이 촉촉해지는데…

상아　　미안해.

지은, 뭐라 대답하지 못한 채 마치 그제야 안도하듯 스륵 눈이 감기고…
아이의 팔은 상아를 다시 놓기 싫은 듯 더 꽉 껴안는다.

#63 지은 집 앞 / 밤

헉헉… 상아를 찾아 상아 집 앞으로 달려들어오는 장섭.
불 꺼진 상아의 집 창문을 올려보다 지은 집 쪽으로 향한다.
지은의 집 앞에 놓인 쓰레기봉투 속 지은의 옷에 시선이 가는데…

그 골목 안으로 더 다가서면 드러나는 광경에 형사의 직감이 발동하는
장섭의 시선 속 지은이 탈출했던 화장실 창문이 열려 있고,
늘어진 케이블 줄. 헌옷수거함이 기울어진 옆으로 쌓인 눈이 파여 있다.

장섭, 지은 집 작은 방 창에 모니터 불빛이 비치는 걸 포착하는 시선.

#64 지은 집 / 밤

1. 복도

장섭, 현관문 앞에서 이미 몇 번은 초인종을 누른 듯 단단히 열 받았다.
주머니에 손을 꽂은 채 '이것 봐라' 현관문을 노려보던 장섭.
문을 두드리지도 않고 아예 냅다 발로 퍽퍽 걷어차기 시작하는데…

장섭 문 열어라. 안에 있는 거 다 안다!

그때, 벌컥 문이 열리는 건 지은의 집이 아닌 앞집이다.
풍채 좋은 40대 여자가 조용하라 경고하듯 눈을 부라리고…

장섭 이 집에 지금 사람 있죠?

앞집 아 그걸 내가 어떻게 알아? (궁시렁) 시끄러워 죽겠어. 아까도 웬 여자 하나가 계속 벨 누르면서 애 이름을 불러대더니…

장섭 여자?

'상아구나' 직감하는 장섭의 얼굴이 뒤틀리고. 다시 지은 집 문을 두드리는데…

장섭 야! 문 열라고!!

신경이 날카로워진 장섭, 앞집 여자가 계속 그의 뒤통수를 노려보자…

장섭 뭐 꼬라보요? 아 그래, 저번에 신고한 것도 당신이지? 앞집 아 맨 날 처맞으면서 죽어나가든 말든 나 몰라라 하더니.

그제야 '아 몰라' 다시 문 닫고 들어가버리는 그녀.

2. 내부

일곤, 더 이상 소음을 견디기 힘든 듯 우두커니 현관문을 노려보다가, 그제야 생각이 난 듯 가서 화장실 문을 여는데, 싹 굳어버리는 얼굴.

장섭(OS) 영장 받아서 문 따고 들어가기 전에 열어라!

3. 복도

장섭, 다시 문을 걷어차려던 찰나, 삐리릭, 도어락 소리와 문이 열리자 그 문을 잡아서 확 열어버리더니 일곤을 퍽 밀치고 구둣발로 들어간다.

장섭 그러게 왜 문을 안 열어, 새끼야. 뒤지려고…
(돌아본다) 아는 어디 있어?

일곤이 대답이 없자, 내가 찾는다는 듯 집 안을 뒤지는 장섭.
하지만 어디에도 지은은 없고, 문이 열린 세탁실에 시선이 가는데…
저벅저벅 다가가 그 내부를 확인하는 장섭, 바닥에 뒹굴고 있는 옷걸이들과 풀려 있는 노끈들, 그리고 화장실 창문이 열려 있는 걸 확인.

불길한 예감이 스치듯 슥 돌아보는 장섭의 살벌한 눈빛에 찔리는지
일곤이 자리를 피하는 사이, 장섭 핸드폰으로 그 세탁실 사진을 찍어두는데…

#65 병원 / 밤

1. 복도

지은을 안은 채 병원 응급실로 들어서는 상아. 지나가던 간호사를 잡는다.

2. 응급실

침대에 누운 지은의 상태를 보며 난감해하는 간호사.
조심스럽게 아이의 옷을 벗기는데, 밝은 조명 아래 드러난 아이의 몸.
바싹 여윈 건 둘째치고 상처와 흉터가 폭력의 역사를 고스란히
증언하는 광경에, 상아의 얼굴에 슬픔과 분노 갖가지 감정들이 교차한다.

간호사　　아니 대체… 무슨 일이 있었길래…

손톱을 뜯으며 아무 대답도 못 하는 상아를 의심이 담긴 시선으로 보던

간호사.

간호사　　저기… 보호자 맞으시죠?

상아　　… 네?

간호사　　잠깐 이리로 와서 서류 하나 작성해주시고요.

시간 경과 —
응급실 카운터 앞에서 서류를 놓고 볼펜을 든 채 멍하니 선 상아.
환자 이름 '김지은'과 본인 '백상아' 그리고
관계란에는 '보호'까지만 쓰고 차마 '자'는 쓰지 못하고 있는데…

그 옆으로 주민등록번호를 적는 칸 역시 비워져 있다.
잠시 머뭇거리던 그녀의 손이 용기를 내어 번호를 적으려던 그때,
그런 상아의 팔을 잡는 까칠하고 작은 손. 돌아보면,
어느새 옆으로 다가온 지은이 그거 적지 말라는 듯 상아를 본다.

지은　　가요.

파출소에서 있었던 일을 기억하는 것처럼 말하지 않아도 안다는 듯
그녀를 물끄러미 올려보는 지은을 보는 상아의 눈빛.

#66 편의점 앞 / 밤

지은에게 옷을 벗어줘 얇은 옷차림의 상아, ATM기에서 돈을 뽑으며 통화 중인데…

상아 비행기를 놓쳐서 오늘은 못 들어갈 거 같고…
표 다시 끊으면 연락드릴게요. (잠시) 네.

상아, 전화를 끊으면 장섭의 부재중 전화가 이미 여러 통 찍혀 있고, 한숨에 머리를 헝클며 편의점 앞에 잔뜩 웅크려 쭈그려 앉은 상아. 편의점 내부에 앉은 지은을 물끄러미 올려본다.

상아 이제 어떡하냐, 우리…

#67 지하철 플랫폼 / 밤

지하철을 기다리는 사람들 사이로 보이는 상아와 지은.
누가 봐도 어른 옷인 상아의 호피 코트를 입은 기괴한 차림새의 지은을 이상하게 보며 지나가는 아줌마가 신경이 쓰이는지 모습이 가려지도록 지은의 목도리를 고쳐 매주는 무심하고 서투른 상아의 손길.

사람들 사이에 섞이지 않아 이방인들처럼 보이는 둘의 모습 앞으로 부앙- 요란한 굉음과 함께 들어서는 지하철.

#68 지하철 안 / 밤

늦은 시간이라 붐비지 않는 내부, 덜컹덜컹 흔들리는 지하철처럼 심란한 생각과 마음을 정리하듯 무거운 얼굴의 상아 옆으로, 낯선 지하철 내부를 여기저기 훔쳐보는 지은의 모습.

어쩐지 애틋해 보이는, 나란히 앉은 둘의 뒤로 스쳐가는 도시의 야경.

#69 가라오케 / 밤

촌스러운 조명들과 웅웅 울리는 음악이 공간을 가득 채운 가라오케 복도. 일곤과 통화 중인 미경, 어떤 이야기를 듣는 얼굴이 싸하게 질려버린다.

미경 김일곤. 너 내 말귀 못 알아먹었어? 한 번 더 걸리면 너나 나나 좆 된다고 애 잘 보랬잖아!

'아악!' 신경질적으로 전화를 끊어버린 미경, 한동안 화를 삭이다가 룸 문을 열고 들어서자, 술 취한 중년남자가 마이크를 들고 열창 중인데, 미경, 직업적 미소를 장착한 채 테이블 위의 계약서를 들고 다가간다.

미경 저, 사장님.

남자가 그런 미경을 부둥켜안고 질척대자, 기계적 미소로 참아내는 미경.

미경 사장니임, 사인해주실 거죠?

하지만 만취한 남자가 계약서를 던져버리고 다시 질척대기만 하자 인내심이 한계에 도달한 미경. 달달 떨리던 손으로 마이크를 잡더니 그대로 남자의 얼굴을 퍽, 갈겨버리는 동시에 삐이익-

날카로운 마이크의 소음과 함께 분노 가득한 미경의 포효.

#70 지은 집 앞 / 밤

집 앞에 나와 괜히 서성이던 일곤, 슈퍼 주인과 이야기 중인 장섭을 보는 시선.

#71 슈퍼 골목 / 밤

가게 앞에 설치된 CCTV를 살피며 슈퍼 주인과 이야기 중인 장섭.
그 각도가 꽤 넓어서 지은의 집 앞까지도 잡히는데…

아줌마 201호면 조이 엄마 집 아닌가?

장섭 누구 엄마?

아줌마 조이라고, 개새끼 맨날 안고 다니는 그 아가씨 있잖아. 근데 그 집에 애가 있는 줄은 몰랐네.

그때, 슈퍼 안쪽을 정리하다 나와서 끼어드는 주인.

아저씨 그 말라비트러진 애 말하는 거 아니요? 나도 거시기 한 한 달 전쯤에 처음 봤지 싶은데.

장섭 오늘은 못 봤습니까?

아저씨 못 봤어.

장섭 여자도예? 일단 (CCTV) 함 보입시다.

시간 경과 —
카운터 앞 모니터, 슈퍼 앞을 잡은 CCTV 화면이 리와인드되고 있는데…

장섭 어어, 스돕.

아줌마가 화면을 멈춰서 다시 플레이되는 화면 끄트머리에 잡힌 모습.

픽셀이 깨져 뚜렷하게 보이진 않지만 분명 그건 상아다.

CCTV 속 모습만으로도 어디가 다친 듯 만신창이가 된 채 축 늘어진 아이를 감싸안은 채 어디론가 달려가며 프레임 밖으로 사라지는 모습.

아줌마　저게 뭔 일이래.

장섭　시팔.

아줌마, 장섭이 자기한테 욕한 줄 알고 순간 그를 훅 노려보는데, 그의 눈빛이 촉촉해져 있는 걸 뻥한 얼굴로 본다.

장섭　잠깐만. 잠깐만 다시 빠꾸해보소.

아줌마, 눈을 흘기지만 그의 진지한 얼굴에 다시 리와인드해서 플레이. 축 늘어진 지은을 끌어안은 채, 그 어느 때보다 절박하게 달려가는 상아. 마치 엄마 같은, 처음 보는 그녀의 그 모습을 가슴에 담듯 보는 장섭.

두 여자를 지켜주고 싶은, 심장이 들끓는 어떤 수컷적인 본능으로 그의 목젖이 꿀렁인다.

#72 모텔 / 밤

창밖으로 멀찍이 인천항 여객터미널이 보이는 모텔 내부.
지은, 불 켜진 채 문이 열린 화장실 앞에 들어가지 못하고 우두커니 섰다.
상아, 화장실 안에서 따뜻한 물을 받아두고 그런 지은을 가만히 보는데…

하지만 지은, 화장실 안의 환풍기 돌아가는 소리에도 트라우마가 있는 듯
손끝이 파르르 떨리고 있다. 말없이 일어나 환풍기를 꺼주는데…

그래도 아이가 들어오지 않자 그런 지은을 물끄러미 보던 상아.
말없이 자기 옷을 하나 둘씩 벗기 시작하자, 그 모습에 멈칫하는 지은.
옷을 벗은 상아, 목덜미의 흉터 말고도 어깨와 팔꿈치에도 흉터가 있다.

상아의 그 모습을 물끄러미 보던 지은, 그제야 한 발짝, 두 발짝
화장실로 들어서 상아에게 다가오는데,
점점 다가오는 지은의 그림자에 상아, 눈가가 파르르하지만,
애써 덤덤하게…

상아 　　봐. 너나 나나 쌤쌤이지.

상아, 대답 대신 쌔근쌔근 들려오는 아이의 숨소리에 괜히 콧잔등이
시큰해지는 얼굴.

상아 　　그래서 만났나보다. (잠시) 우리.

어느 순간, 마치 반창고를 붙여주듯 지은의 상처투성이 고사리손이 상아의 그 흉터를 가만히 감싸 덮어주는데, 그 감촉에 파르르 떨리던 입술을 깨물고 얼마를 망설인 끝에 용기를 낸 상아, 입을 연다.

상아 나는 배운 것도 없고 무식해서, 너한테 가르쳐줄 것도 없고. 가진 것도 없어서 줄 수 있는 것도 없어. 대신, 내가 너 지켜줄게.

그런 상아를 가만히 보는 지은의 눈빛이 촉촉해지고…

상아 얼마나 힘들지, 얼마나 오래 걸릴지 모르겠지만, 끝까지 니 옆에 있어줄게.

그 말에 금방이라도 울음이 터질 것 같은 지은의 눈망울.
자신 역시 그런 상아를 지켜주겠다는 듯 가녀린 팔로 그녀를 끌어안는다.

지은 나도… 지켜줄게요.

지은의 그 손길에 마치 오랜 상처를 위로받은 듯 눈물이 맺히는 상아의 얼굴.

#73 병원 / 밤

1. 병원 앞, 로비

끽- 도착하는 차에서 내린 장섭, 병원 안으로 달려 들어가더니
로비에서 간호사들을 붙들고 핸드폰 속 슈퍼 CCTV 사진을 보여주며
이들을 본 적이 있는지 묻지만 다들 설레설레.

2. 관제실

직원의 도움으로 CCTV를 다 뒤져보지만, 상아의 모습은 보이지 않고…

3. 복도

지치고도 지친 장섭, 복도 벤치에 거의 널브러지듯 앉은 모습.
수첩을 펼치니 서원시 내 병원이란 병원은 다 돌아다닌 듯
10개 정도의 병원에 빨간 줄이 그어져 있고, 하나 더 긋는다.

장섭, 마른세수를 하던 퀭한 얼굴로 핸드폰을 꺼내 통화 목록을 펼치자
수십 통의 발신이 찍혔지만 통화가 되지 않은 이름 '백상아'.
한숨에 그 이름을 물끄러미 보던 장섭의 충혈된 눈빛.

그런데 어느 순간, 드르륵 울리는 진동에 그 눈빛이 콱 메어오고,
거짓말처럼 상아의 이름 세 글자를 띄운 채 걸려오는 전화.
슥, 그 자리에서 일어나 전화를 받는다. 한동안 아무 말 없던 두 사람.

장섭 어쩌고 싶은 건데?

상아(OS) …

장섭 니가 키우고 싶은 거가?

하지만 여전히 아무 말이 없는 상아에 입이 바짝 타 들어가는 장섭.
어느 순간, 그의 귓전을 울리는 상아의 깊이 잠긴 목소리.

상아(OS) 8년 전, 집 편지함에 통장이랑 도장 든 봉투가 있었어. (잠시) 쪽팔렸어.

#74 모텔 / 밤

불 꺼진 내부, 침대 위에 잠든 지은에게서 멀찍이 떨어진 방 한구석에서
여린 어깨와 굽은 등을 잔뜩 웅크린 채 통화 중이던 상아.

상아 그 여자가 왔다 갔던 그 집 현관이 좁고 더러운 게, 그걸 넣고 갔을 편지함이 녹슬어 있는 꼴이, 쪽 팔렸어. 그래서…

담배를 쥔 손이 가늘게 떨리며 더 이상 말을 잇지 못하는데…
재떨이 옆엔 장섭이 줬던 명숙의 낡은 통장과 명숙의 집에서 발견했던 놀이공원에서 찍힌 모녀의 낡은 사진.

얼마나 보고 또 봤는지 손때 타고 낡은 흔적, 행여 찢어지기라도 할까 코팅까지 해서 어딘가 붙여놓은 듯 남아 있는 스카치테이프.

#75 병원 복도 / 밤

핸드폰 너머 들려오는 상아의 떨리는 숨결이 장섭의 심장을 턱, 찌르듯 그의 머리 위로 오래된 형광등이 수명을 다했는지 껌뻑거리기 시작하고 수렁처럼 깊어 보이는 복도 한가운데 선 장섭, 무거운 입을 연다.

장섭　너거 어머니…

#76 모텔 / 밤

상아의 손에 들린, 길게 타들어간 담뱃재가 바닥에 툭 떨어지는 순간, 전화 너머로 그녀의 귓전을 울리는 장섭의 목소리.

장섭(OS)　　니 살리려고… 놓아주신 거다.

#77 과거 몽타주

1. 명숙 집 / 낮

커튼 틈으로 창을 통해 부서지는 아침 햇살을 따라 카메라가 이동하면,
방바닥에 널려 있는 술병들과 각종 쓰레기들, 널브러진 옷가지들.

그 난장판 사이에서 잠들어 있던 정명숙이 눈을 뜨는데,
뭔가를 보고 순간, 마치 목에 칼이 박힌 듯 아득해지는 눈빛.

피가 흥건한 위로 어린 상아가 마치 바닥에 내동댕이쳐진 듯
방구석의 가구 틈 사이로 목이 끼인 채 쓰러져 있었다.
(정명숙의 시신이 발견됐을 당시 쓰러져 있던 모습과 같은)

술이 덜 깨 다리에 힘이 풀려 주저앉으면서도, 비명을 지르며 달려드는 명숙.

장섭(OS)　　평생 가슴에서 지우지 못하는 장면이었다고 입버릇처럼 말씀하셨다는데… 가실 때도 가슴에 담고 가셨던 것 같다.

2. 병원 응급실 앞 / 낮

멀찍이 구급요원들에 의해 들것에 실린 채 응급실로 들어가는 상아의 모습.
명숙, 상아를 안고 맨발로 달려온 듯 옷은 피로 얼룩지고,
뒤꿈치가 온통 까져 있는데… 차마 병원으로 들어가지 못하고
한 걸음, 두 걸음 물러서 돌아가는 넋이 나간 얼굴.

3. 파출소 / 낮

한바탕 난동을 부린 듯, 골치 아파하는 경찰들의 옷을 붙잡고 매달리며
울부짖는 명숙. 마치 수갑을 채워달라는 듯 두 손을 모아 빈다.

명숙 저 좀 데려가주세요. 제발, 애한테서 떼어놔주세요!

4. 놀이공원 / 낮

공원 내부의 미아보호소에 꽂혀 있던 명숙의 위태로운 시선이
아무것도 모른 채 엄마와 찾은 놀이공원에 들뜬 상아에게 머문다.

사진사 찍을게요.

사진사가 들고 있던 카메라 앵글 속 명숙과 상아.
그런데 명숙, 상아 목덜미의 흉터를 보자 입가가 파르르 떨린다.

그 흉터를 모녀의 마지막에 남기고 싶지 않은 듯 자신의 스카프를 풀어
자세를 낮춰 앉아 상아에게 여며주던 명숙, 그 찰나의 눈빛에서 찰칵.

명숙(OS)　나한테서 달아나… 멀리.

#78 (과거, 8년 전) 예전 상아 집 앞 / 밤

그 눈빛에서 디졸브, 세월의 흔적이 여실이 묻어나는 정명숙의 얼굴.
마치 가슴속 깊은 곳 어딘가에 담아두려는 듯
한동안 아린 눈빛으로 어딘가를 가만히 응시하고 있는데,
그곳은 편지함이 녹슬어 있던, 현관문이 좁고 초라하던 예전 상아의 집 앞.

먼 곳에서 열차가 선로를 삐걱거리며 달려가는 소리가 점점 멀어지고,
떨어지지 않는 발길을 돌려 돌아서 가는 정명숙의 뒷모습 위로
하나 둘, 아스라이 흩날리기 시작하는 진눈깨비.
멀어져가는 정명숙의 발걸음. 지난날의 사고로 다리를 절고 있다.

상아(OS)　엄… 마…

마치 현재 상아의 목소리가 들리기라도 하듯 멈춰서는 정명숙.
슥 돌아보는 얼굴에서…

상아(OS) 나 같은 게… 엄마가 되고 싶어도… 괜찮은 거야…?

그런 상아에게 무언의 대답이라도 해주듯,
아프고도 눈물겨운 그녀의 마지막 미소.

#79 모텔 / 새벽

상아, 마치 재채기처럼 불가항력적으로 터지는 울음을 막아낼 수가 없어
입을 틀어막고 가슴을 내리치며 서럽게 눈물을 쏟아내는 모습.
끅끅… 슬픔보다는 고통에 가까운 짐승 같은 신음 소리가
그녀의 어둠을 울린다.

암전.

#80 미경 차 안 / 새벽

차에서 쭈그리고 잠든 미경. 누군가 창을 툭툭 두드리자 화들짝
일어난다.
김 서린 창을 지잉- 내려 그가 일곤임을 확인하는 미경의 퀭한 얼굴.

메이크업이 온통 번진 얼굴이 독기 서린 광인 같은데…

시간 경과 —

미경, 핸드폰으로 검색 중이다. '아동학대로 구속되면 징역 몇 년'.
검색 결과가 절망적인지 머리를 쥐어뜯으며 한숨 쉬는데,
그 와중에도 옆 좌석에 삐딱하게 앉아 핸드폰 게임에 몰두 중인 일곤.
한심한 듯 핸드폰을 탁 뺏어버리는 미경의 날 선 얼굴.

미경　　김일곤. 너 그거 알아? 난 차라리 개가 죽었으면 했어.

일곤　　…

미경　　뒷감당은 어쩌든, 그럼 니가 정신 차리고는 살겠지 싶어서. 애는 또 내 배로 낳아서 살면 되는 거고.

그런 이야기에도 다리를 달달 떨며 관심 없는 얼굴로 앉은 일곤을 보던 미경.
팩트를 꺼내 번진 화장을 고치며 잠시 머리를 굴리다…

미경　　일단 잘 들어. 너나 나나 이대로 콩밥 먹기 싫으면 센터 사람 오기 전에 먼저 선수 치는 수밖에 없으니까.

#81 파출소 앞 / 낮

일곤, 무릎이 늘어난 추리닝 차림으로 파출소 앞에서 어슬렁거리는데…

소장　재 아까부터 왜 저러는 거야?

전에 봤던 파출소장이 문밖으로 나오자, 인사도 없이 다짜고짜…

일곤　그 여자, 전과 있다 그러지 않았어요?

소장　에…?

쭈뼛거리며 경찰의 눈치를 살피던 일곤의 어색한 연기.

일곤　여친은 잠시 지방에 갔고, 걱정할까봐 아직 얘기 안 했는데…
애가… 없어졌어요.

#82 슈퍼 앞 / 낮

경찰1과 함께 슈퍼를 찾은 일곤. 슈퍼 아줌마와 이야기 중인데…

경찰1　형사가 와서 무슨 CCTV를 보고 갔다면서요?

아줌마	그거? 근데 그 형사가 가져가버렸는디.
경찰1	뭐가 찍혔길래?
아줌마	아니, 그 마사지실 여자가 글쎄…

아줌마가 경찰에게 뭐가 찍혔는지 설명하는 모습 위로…

미경(OS)	그 여자가 애 데리고 간 게 확인되면, 신고하는 거야.

#83 인천항 앞 / 낮

회색빛 드넓은 바다 앞으로 줄지어 선 배편이 보이는 여객터미널.
멀찍이 길 건너 맞은편에 지은의 손을 잡고 선 상아의 모습.

미경(OS)	유괴당했다고.

이 길을 건너면, 마치 돌아올 수 없는 강을 건너게 되는 분위기.
만감과 고민이 교차하듯 입술을 깨무는 상아의 얼굴.
슥 그런 상아를 올려보는 지은의 시선에는 햇빛이 부서져서
상아의 감정을 알아볼 수 없고, 아이는 어쩐지
그런 상아가 불안한 얼굴인데…

상아, 지은을 잡고 있던 손에 힘이 들어가던 찰나, 결국 아이를 데리고

길을 건넌다.

#84 지은 집 / 낮

신고를 받은 듯 지은의 집을 둘러보고 있는 덩치 강형사와 멀대 김형사. 입구에서 한참 앞집 여자의 하소연을 듣느라 난감하던 김형사.

김형사 (강형사에게) 전에도 그렇게 여기 찾아와서 애 때문에 난동 부린 여자가 있었다곤 하네요.

세탁실을 둘러보는 강형사. 옷걸이와 노끈 등은 그새 치워둔 듯 깨끗한데, 작은 방의 컴퓨터 옆으로 널브러진 쓰레기들에 얼굴을 구기는 강형사.

강형사 그렇게 막, 아이가 사는 집 같진 않네요. 이사 온 지 얼마나 됐죠?
일곤 한 반년…
강형사 평소에 따님이 주로 뭘 하고 놀죠? 동네 친구가 있다든가…
일곤 맨날 집에 박혀 있어서, 뭐…
강형사 (점점 심기가 불편) 아이 키는요?
일곤 (귀찮은 듯 가슴에 손을 얹어보며) 이 정도?
강형사 실종 당시 입고 있던 옷은?
일곤 (잠시) 잘… 모르겠는데요.

일곤이 그다지 맘에 들지 않는 강형사, 걸려오는 전화를 받는다.

강형사 어, 여자 인적 사항 조회해봤어? (잠시) 살인미수?!

그 단어에 앞집 여자와 김형사, 일곤까지 모두가 강형사를 돌아본다.

#85 인천항 여객터미널 / 낮

1. 내부

상아, 승선권 두 장을 손에 쥔 채 지은과 나란히 앉은 모습.
멍한 얼굴이지만 어딘가 불안해 보이기도 한 눈빛.
시계를 보면서 누군가 기다리는 얼굴인데, 코트 속 핸드폰 진동이 울리고.

2. 외부

장섭, 상아에게 전화를 걸며 인천항 앞으로 달려오는 모습.

3. 내부

상아의 시선 속, 아까부터 경비를 위해 내부를 오가던 경찰들.
어쩐지 상아와 지은을 흘낏거리며 이야기를 하는 것 같다.
괜히 마른침을 삼키는 상아, 지은의 손을 쥔 손에 힘이 들어가고.

그들이 어느 순간, 상아 쪽으로 오자 지은을 데리고 일어선 상아.
그 손을 잡고 빠른 걸음으로 반대편 출구 쪽으로 간다.
그런 상아의 행동과 싸한 얼굴에 겁을 먹은 지은, 말없이 그녀를 따라 빠르게 걸음을 옮기는데, 맞은편에서 상아 쪽으로 걸어오는 경찰들.

상아의 시선으로 경찰들 중 한 명이 미간을 찌푸리며 그녀를 보자,
지은을 잡은 손에 다시 힘이 들어가는 상아의 위험한 눈빛.
그런데 순간, 누군가 그녀의 팔을 거칠게 낚아채 자신의 등 뒤로 몰아넣는데…

이성을 잃은 눈빛으로 입가가 파르르하던 상아,
헉헉, 달려온 듯 거친 숨을 몰아쉬며 그녀를 보는 장섭의 얼굴.

#86 후남 음식점 / 낮

1. 장섭 차, 가게 앞

뒷좌석에 상아와 지은을 태운 채 가게 앞으로 도착하는 장섭의 차,
전화를 받은 듯 나와서 기다리고 있는 후남이 보인다.

2. 가게 내부

장섭이 지은의 몸에 난 상처들 사진을 찍고 있다.
사신의 상처를 덤덤하게 내어 보이는 지은을 차마 보지 못하는 후남.

후남 (한숨) 짐승 같은 것들. 어떻게 애 손발을 묶고 거기다…

사진을 찍던 걸 마무리하고 서둘러 일어서는 장섭.

장섭 만약, 아저씨가 증거 같은 거 찾지 못하면… 그땐 니가 가서 경찰 아저씨들한테 직접 설명해야 하는데, 할 수 있겠제?

고개를 끄덕이는 지은의 그 눈빛을 마치 아빠처럼 물끄러미 보던 장섭.
돌아보면 가게 뒤편의 소각장 한편, 상아의 구부정한 뒷모습.

장섭(OS) 결국은 너거가 행복할 수 있는 길을 찾아야 한다.

3. 가게 뒤 소각장

지은의 시선이 닿지 않는 곳, 소각장 구석에 나란히 쭈그려 앉은 장섭과 상아, 그들의 발밑으로 떨어진 꽁초들.

장섭 일단 친부가 유괴 신고 접수를 해버린 상태에서 판 뒤집으려면 이 방법밖에 없다. 나는 일단 가서 애가 거기서 탈출했다는 증거 찾아 볼 테니까 어디 갈 생각 말고 여기 붙어 있어라.

장섭, 상아의 핸드폰을 꺼내 배터리를 분리해놓고, 자신의 핸드폰을 손에 쥐여준다.

장섭 그리고 일단 내 핸드폰 갖고 있어라. 연락할 테니까. 되든 안 되든… 방법을 찾아보자.

장섭, 일어나 돌아서다 말고 그녀를 돌아보는데, 어쩐지 유독 작아 보이는 그 뒷모습에 차마 발길이 떨어지지 않는다.

#87 몽타주 / 낮

— 병원, 상아와 지은이 들렀던 병원에서 간호사의 진술을 확보하는 김형사.

김형사 그날 당직 간호사가 누군지 알 수 있을까요?

차트를 뒤지던 간호사가 가리키는 곳엔, 그날 상아와 지은을 담당했던 간호사.

— 지하철 역사, 상아와 지은이 찍힌 CCTV를 확보하는 경찰들.

— 인천항, 배편을 확인하고 그들을 찾는 김형사와 경찰들.

#88 지은 집 / 낮

1. 집 내부

장섭, 화장실을 뒤지며 뭐라도 건질까 매의 눈으로 살피지만 별게 없고,
쓰레기통과 방 구석구석을 뒤져도 노끈 등의 증거품은 이미 사라진 상태.

2. 집 앞

장섭, 지은의 집이 보이는 앞에 앉아 사회복지사와 통화 중.
그의 시선으로 헌옷수거함 앞에 쓰러진 자전거와 늘어진 케이블이
유독 그로테스크해 보이는 광경.

복지사(OS) 아마 학대 받던 애라는 게 알려져 이슈가 되는 상황에서 아이가 센터에 들어가게 되면, 전과가 있는 사람에게 인계되는 건 쉽지 않을 거예요.

한숨에 푹- 담배 연기를 내뿜는 장섭.

복지사(OS) 근데 무슨 일이세요?

장섭 아입니다. 알겠습니다. 감사합니다.

장섭, 때마침 들어서는 강형사 차에서 내리는 일곤을 보자
화가 치밀어오른다.

장섭 저 새끼…

담배를 내던지고 다가가 그 얼굴에 무자비한 한 방을 날리는데…

장섭 유괴? 유괴?! 시발놈아!

뜻밖의 장섭 등장에 놀라 달려오는 강형사.

강형사 장선배, 여긴 또 어떻게… 왜 이러십니까!

놀라서 달려온 강형사가 말릴 틈도 없이 엎어터지는 일곤.

장섭 (멱살을 쥔다) 그 여자는 어디 갔어! 어디 있냐고!

강형사가 뜯어말리는 걸 뿌리치고 다시 멱살을 잡는 장섭.

장섭 너거가 최소 인간이라면 지금이라도 신고 취하해라. 안 그러면 내가 너거 두 연놈들 다 골로 보내뿐다!

골목이 아수라장이 되자 동네 주민들이 삼삼오오 구경하러 모여드는데, 씩씩대며 일곤을 노려보던 장섭, 멱살을 놓고 일어서 돌아서서는 인파를 헤치고 터벅터벅 차로 돌아가는 뒤로…

주민1 아따, 동네가 왜 이리 수란노. 뭔 싸움이라도 났대요?

주민2 갸가 없어져서 저런다잖여, 저기 2층집에.

남자 2층집? 어젯밤에 거기 매달려 있던 그 애 아니에요?

순간, 탁 멈춰서는 장섭이 그 30대 남자를 슥 돌아보는데…

#89 차 안 - 거리 / 낮

빌라 앞에 세워진 남자의 차. 뒷좌석에 노트북을 펼친 강형사와 장섭. 노트북에 블랙박스를 연결해 영상을 돌려보고 있는데…

남자 아니, 내가 어제 술을 진탕 마셔서 대리를 불렀거든. 술김에 2층에 매달려 있는 애를 봤는데 헛걸 봤나 싶어서…

장섭 스돕.

강형사가 화면을 멈춰서 플레이를 시키면, 골목으로 서행해서 들어오던 차 정면에 지은의 집이 점점 가까워지는데…

좌회전해서 들어가기 직전에 지은의 집 2층 세탁실이 비춰지고…

배관에 매달린 채, 그 차를 보자 잔뜩 움츠린 지은의 모습이 분명히 찍혔다.

강형사 (헉) 와… 아멘이다.

장섭, 순간 번뜩이는 눈으로 슥, 차 밖으로 고개를 돌리면 멀찍이 누군가와 통화 중이던 일곤과 눈이 마주치는데…

순간, 장섭이 증거를 찾았단 걸 본능적으로 눈치챈 일곤이 뒷걸음치자 그대로 자리를 박차고 뛰쳐나가는 장섭에 식겁한 강형사.

강형사 왜… 왜 이러십니까?!

파르르한 얼굴로 냅다 그대로 줄행랑을 쳐버리는 일곤.

장섭 야! 점마 잡아!

일곤, 무서운 기세로 쫒아오는 장섭에 공포에 질려 돌아보던 찰나, 다리에 힘이 풀려 재빨리 도망치지도 못하고 돌아보는데 그 눈앞으로 잡아먹을 기세로 돌진해 퍽, 날아든 장섭. 동시에 퍽, 나가떨어진 일곤의 핸드폰 액정에 찍힌 이름은 '주미경'.

장섭　　야! 저 핸드폰 갖고 와!

그런데 일곤, 그 와중에도 안간힘을 다해 그 핸드폰을 부숴버리려는 듯 퍽퍽 바닥에 내리꽂아버리는데, 강형사, 그를 덮쳐 제압하고 팔을 꺾자, '으아악!' 광인처럼 난동 부리는 일곤.

장섭, 액정이 박살이 난 핸드폰을 집어들자 다행히 전원은 들어오는 상태. 서둘러 다시 미경에게 전화를 거는데…

#90 은행 ATM기 / 낮

미경, 마치 어디 먼 길이라도 떠나듯 커다란 짐가방을 옆에 놓은 채 현금 두둑하게 출금 중이었는데, 일곤에게 다시 전화가 오자 훅 보는 얼굴.

마치 징그러운 걸 잡은 듯 '어우' 핸드폰을 던지고선 겁에 질려 보는데, 밖에서 조이를 안은 채 그런 미경을 이상하게 보는 장미.
미경, 다시 핸드폰을 집어 배터리를 빼버리고 서둘러 밖으로 나오는데…

장미　　언니, 왜 그래요?

허겁지겁 세워둔 차에 짐을 싣는 미경.

장미 언니.

미경 좀 닥치고 있으라고!

서슬 퍼런 미경의 목소리와 하얗게 질린 얼굴에 입을 닫는 장미.

미경 내가… 내가 어떻게 여기까지 왔는데… 언제고 그 애가 내 발목 잡을 줄 알았어. 처음 봤을 때부터 느낌이 싸했다고…

미경, 갑작스런 상황에 당황한 듯 제정신이 아닌 사람 같다.

미경 걔만 없었으면 김일곤도 저렇게 망가지진 않았을 거고, 걔만 없었으면 내가 미친년처럼 바득바득 살지 않았을 거야. 걔만 없었으면 내가 이렇게… 이렇게…

장미 언니?

미경 그래. 걔만… 없어지면.

뭔가 번뜩이며 머리를 스쳐가는 미경. 슥, 장미를 돌아보는 싸한 얼굴.

미경 물증도 없어지는 거잖아?

#91 후남 음식점 / 낮

티브이 뉴스, 아나운서 멘트와 함께 파카를 뒤집어쓰고 마스크를 쓴 채 연행되어가는 여자의 모습이 자료 화면으로 나오고 있다.

앵커(OS) 시흥 계모 의붓아들 학대치사 사건에 대한 선고 공판이 오늘 오후 3시 서부지방법원 301호 법정에서 진행됐습니다. 재판부는 "초범, 반성, 양육환경의 어려움 등을 고려하더라도 엄정한 처벌이 불가피하다"며 1심에서 징역 7년을 선고했습니다.

후남 지랄…

앵커(OS) 이군을 약 10개월간 학대해 죽음에 이르게 한 박씨는 학대치사죄 등으로 기소되었으나, 살인죄는 적용되지 않은 것으로 밝혀졌으며…

후남, 텔레비전을 끄고 리모콘을 던져버리는데, 지은의 머리맡에 앉은 상아가 꼴도 보기 싫어 그쪽으론 돌아앉지도 않으면서도,
생각해보니 한편으론 딱한 듯 슬쩍 말을 던진다.

후남 죽은 저 아 밑에, 맨날 같이 줘터졌던 여동생도 있다더만. 저년 7년 살고 나오면 가는 열다섯 살 아이가. 이 좁은 땅덩어리에서 언제 찾아올지 몰라서 평생 떨어야 하는 아는 무슨 죄고. 이게 나라인지 지랄인지.

잠든 지은의 얼굴을 물끄러미 보던 후남.

후남 더럽게 얽혀도 누구 하나 죽어야 끝나는 게 천륜이라더라. 니가 뭔 죄가 있겠노. 이 아랑 피붙이로 엮이지 못한 게 그게 죄지.

후남, 밖에서 손님이 온 소리가 들리자 자리를 털고 일어나고.
머리와 마음이 복잡한 상아의 손끝은 이미 만신창이가 되어 있는데,
문득 곤히 잠든 지은을 내려다보는 그녀의 눈빛.

마치 행복한 꿈을 꾸는 듯 이제까지 봐온 중에서 가장 평화로운 얼굴로
잠든 아이. 무슨 꿈을 꾸는지 뒤척이며 짭짭 입맛을 다시는 모습에
자기도 모르게 입술을 살짝 깨물며 희미한 미소가 번지는 상아의 따뜻한 눈빛.

상처투성이 조그만 손을 잡아보는데… 순간, 얼굴이 굳는 상아.
지은의 이마에 손을 짚어본다. 열이 있는 것 같다.
상아, 그제야 아이가 거칠게 숨 쉬는 소리가 심상치 않음을 느끼는 얼굴.

배형사(OS) 그 여자 어디 안 가고 잘 있다니까요.

#92 차 안 - 후남 음식점 앞 / 낮

멀찍이 음식점 안 구석방이 보이는 곳에 차를 세워두고 잠복 중인 배형사.
장섭과 통화 중이다.

배형사 (궁시렁) 몇 번을 확인하시나. 그나저나 이거 용의자 은닉 아니에요? 이번엔 따따블로 받아야 할 거 같은데.

#93 중부서 취조실 / 낮

장섭, 배형사의 전화를 끊고 취조실로 들어서자 반사유리 너머 일곤이 보인다.

시간 경과 —
의자에 한껏 기댄 채 다리를 쩍 벌려 책상 앞에 무표정하게 앉은 일곤.
팔짱을 낀 채 마주 앉아 그를 빤히 보고 있는 장섭.

정적이 감도는 취조실 내부, 벽시계 초침 소리가 째깍째깍 들려오고,
그 소리에 맞춘 듯 어디선가 끽끽 소리가 연속적으로 들려오는데,
다리를 달달 떠는 일곤의 의자에서 나던 소리. 그는 마치
ADHD 증세가 있는 아이처럼 내부를 산만하게 훑으며 놀러 온 듯 굴고 있다.

장섭 와, 쪼리나?

일곤, 그 말이 들리지도 않는 얼굴로 다리를 더 거세게 떤다.

장섭 나 봐봐.
일곤 …

장섭 (책상을 탕!) 똑바로! 내 눈 똑바로 보라고!

내부를 쩌렁쩌렁 울리는 장섭의 날 선 목소리에 그제야 슥 보는 일곤.

장섭 니는, 니가 뭘 잘못한 건지는 아나?

그 질문에 '모르겠는데' 하는 얼굴로 앉은 일곤을 노려보던 장섭.
파일철을 들고 일어나 성큼성큼 위협적으로 다가가는데…

장섭 연놈들이 돌아가면서 옷걸이, 행거, 빗자루로 아 두들겨 패고…

밖에서 지켜보고 있던 강형사와 김형사. 행여 장섭이 또 일곤을 팰까
까딱하면 문을 박차고 들어갈 듯 긴장한 얼굴들.

강형사 어어, 저걸로 찍는 거 아냐?
김형사 (달려 들어간다) 아, 저 형 또 왜 저래.

장섭, 벌컥 문을 열고 들어서는 김형사를 슥 돌아보며 제지시키자
그 날 선 눈빛에 쫄아서 멈춰선 김형사.
장섭, 일곤의 뒷덜미를 탁 잡더니 눈앞에 파일 속 처참한 지은의
사진들을 들이민다.

장섭 한겨울에 아 몸에 물 뿌려서 화장실에 가둬놓는 것도 모자라 노끈
으로 팔다리 묶어서 세탁실에 얼어 죽으라고 방치하고!

일곤의 주먹이 바들바들 떨리고 있는데…

장섭　　두 눈 똑바로 뜨고 똑똑히 보라고! 아무리 막 싸질렀더라도 니 새끼 아이가. 말해봐라. 진짜, 진짜 죽일라 했나!

코앞에서 잡아먹을 듯 포효하는 장섭에 맞선 억울함과 겁에 질린 일곤의 포효.

일곤　　안 죽었잖아!

장섭　　뭐?!

그 말에 눈이 뒤집힌 장섭, 그대로 일곤의 의자를 걷어차버리자
와장창 넘어져 바닥을 벌벌 기어 도망가는 그에게 의자를 집어들고
그대로 내리꽂을 기세로 다가가자, 놀라서 달려 들어온 형사들.

일곤　　나도 맞고 컸지만 안 죽었다고! 내가 찾을 땐 아무도 없더니 왜 나한테만 지랄이야!

멈춰서는 장섭의 시선 속 눈물 고인 얼굴로 떨고 있는 일곤.
한때 흠씬 맞았던 트라우마가 있는 듯 양팔로 머리를 감싸고 있는데,
그의 팔에서 담뱃불로 지지고 긁힌 등의 오래된 흉터들이 보인다.
그걸 보는 장섭의 착잡한 얼굴. 에라, 돌아서는 등 뒤로…

일곤　　이 꼴 보고 자란 걔 인생도 뭐 별 볼 일 있겠어요?

취조 내내 가장 진심인 듯한 말을 뱉은 일곤을 돌아보는 장섭의 핏발 선 눈.

#94 후남 음식점 / 낮

테이블 위에서 한참을 혼자 드르륵 울리고 있던 장섭의 전화.
손님들을 맞느라 바쁘던 후남이 결국 달려가 받는다.

후남 여보쇼.
장미(OS) (잠시) 여보세요? 장섭이 오빠 핸드폰 아니에여?

후남, 귀찮음에 솟아오르던 짜증이 '장섭이 오빠'에 가라앉는 얼굴.

후남 내가 금마, 아니 장섭이 보호잔데, 아가씨는 누구…?

그때, 후남의 뒤로 방에서 잠들어 있던 지은이 깨서 상아를 찾는 얼굴.

지은 미쓰백…

#95 미경 차 안 / 낮

운전석의 미경 옆 좌석에 앉아 스피커폰으로 통화 중이던 장미.
분명, 둘 다 아이의 목소리를 똑똑히 들은 얼굴.

후남(OS) 아까 나가드만 아직 안 왔나? (지은에게) 쪼매 기다리봐라.

손님(OS) 여기 공기밥 추가요.

후남(OS) 갑니다. (다시 수화기에 대고) 여보세요.

미경, 그 목소리를 듣자 덥썩 장미에게서 핸드폰을 뺏더니…

미경 (장미처럼) 어머, 안녕하세요. 그렇지 않아도 언니 음식점 한다고 오빠한테 들었어요. 한번 찾아뵈려 그랬는데…

순간, 장미가 미경의 눈치를 슥 보는데…

미경 거기가 어디예요?

#96 약국 / 낮

딸랑, 약국으로 들어서는 상아. 머플러로 얼굴을 반쯤 가린 모습이다. 라디오를 듣던 약사 할머니가 그런 그녀를 아래위로 훑는데…

상아 감기약 주세요. 애들 먹는 거.

약사 목감기? 코감기? 몸살?

상아 열나고, 기침.

약사가 약 하나를 꺼내놓고 뭔가를 찾는 사이 라디오 뉴스가 들려오는데…

앵커(OS) … 중부경찰서는 오늘 오후 2시경, 서원 아동 학대 사건의 친부 스물아홉 살 김모씨를 긴급 체포해 조사하는 한편 도주한 동거녀 주모씨의 신원을 파악하고 수배…

약사 근데 애가 기침을 많이…

약사가 시럽을 꺼내 고개를 들자 꼬깃한 만 원짜리 한 장을 놓고
어느새 사라져버린 상아.

#97 약국 뒷골목 / 낮

상아, 약국을 나서며 주머니를 뒤져 장섭의 핸드폰을 찾는데…
두고 왔다. 결국 자신의 핸드폰을 꺼내 전원을 켜자
수없이 쏟아지는 캐치콜과 문자들. 그런데 장미의 문자가 눈에 들어온다.

'언니.. ㅜㅜ' '언니 어디에요? ㅜㅜ' '괜찮아요? ㅜㅜ' 그런 문자들 끝에
'언니 나 지금 주미경 언니랑 같이 있어요~'
3~4분 전쯤 도착한 그 문자를 보는 상아의 눈이 커지는데…

#98 마사지샵 / 낮

장미, 샵 구석에 쭈그려 앉아 돈을 세다 상아의 전화를 받는다.

장미　　언니…

상아(OS)　　주미경 어딨니?

하지만 어쩐 일인지 대답을 망설이는 장미의 얼굴.

상아(OS)　　(다그친다) 유장미.

#99 약국 뒷골목 / 낮

장미가 머뭇거리자, 본능적으로 불길한 직감이 엄습하는 상아의 눈빛.

장미(OS)　　그게… 사실은 내가 그러려고 그런 게 아니구요… 난 그게 그렇게 될 줄 몰랐는데…

#100 후남 음식점 / 낮

1. 가게 내부

지은, 한창 손님들을 받느라 정신없는 후남을 뒤로하고
가게 안에서 상아를 찾지 못하자 불안한 듯 점점 숨이 가빠지는 얼굴.

2. 가게 뒤

결국 슬리퍼 차림으로 가게 문을 열고 터벅터벅 나와 상아를 찾는 지은.
그때, 아이의 동공이 누군가를 보고 그대로 쩍 얼어붙어버리는데…

#101 거리 / 낮

약을 구겨쥔 채 이를 악물고 미친 듯이 내달리는 상아, 하얗게 질린 얼굴.

#102 차 안 - 후남 음식점 앞 / 낮

차 시트를 뒤로 양껏 젖힌 채 느긋하게 폰으로 게임 중이던 배형사.
장섭의 전화가 걸려오자 인상을 구기며 받는다.

장섭(OS) 별일 없제?
배형사 아, 거 참, 잘 있다니까.

그제야 가게 내부로 시선을 돌리는 배형사.
상아도, 아이의 모습도 보이지 않자 흠칫 차에서 내려 다시 확인하는데…

배형사 어라…

#103 중부서 앞 / 낮

끽– 차를 몰고 서를 나서다 급브레이크를 밟은 장섭의 아득해진 얼굴.

배형사(OS) 분명 있었는데…
장섭 야, 이 씨팔…

불길한 예감. 싸한 겨울 햇살이 유리창에 반사되어 쨍하게 비춘 그의 핏대 선 눈빛.

강형사 어디 가십니까?

자판기 앞에서 커피를 마시던 강형사가 그를 보자 전화를 끊는 장섭.

장섭 주미경이, 위치추적 됐어 안 됐어?
강형사 아, 그게 아직…

그의 날 선 눈빛에 기죽은 강형사를 뒤로하고 끼이익 액셀을 밟아 달려가는 장섭.

강형사 형니임!

#104 건물 뒤 공터 / 낮

목이 막혀 얼굴이 시뻘겋게 달아올라 눈물이 그렁그렁 고인 지은,
발버둥 치는 아이의 덜미를 잡아끌고 가는 미경의 뒷모습.
행여 들키기라도 할까 주위를 두리번거리는 그녀의 날 선 눈빛.

후남 음식점에서 몇 미터 떨어진 인적 드문 공터에 세워진 미경의 차.
미경, 지은을 뒷좌석에 태우려는데, 빵- 그 옆을 스쳐가는 차 한 대.

그 찰나의 지은, 미경이 정신 빳긴 틈을 놓치지 않고
그녀를 밀쳐내더니 필사적으로 도망치는데…

아이의 내달림으로 어른을 따돌리긴 역부족이었다. 이내 따라잡혀
이성을 잃은 얼굴의 미경 앞에 퍽, 그대로 나동그라지는 지은.

미경 그런 년이랑 붙어먹더니 애가 발랑 까져가지고…

분에 차 공터에 나뒹구는 박스든 뭐든 잡히는 대로 아이에게 내던지는 미경.

미경 없어져! 제발 좀 없어져버려! 내 인생에서 꺼지라고!

공포에 다리에 힘이 풀려 주저앉은 채 뒤로 물러나는 지은의 울음소리.
미경, 듣기 싫다는 듯 새하얗게 질린 아이의 입을 틀어막고
마치 뭐에 씐 사람처럼 눈이 뒤집어져 뒹굴고 있던 깨진 병을 집어
당장이라도 내리찍을 듯 치켜드는데…

순간, 지은의 눈에 비친 미경의 모습이 파르르 떨리며 아스라해지고,
눈을 질끈 감은 지은에게서 흘러내린 눈물이 그 얼굴을 움켜쥐고 있던
미경의 손에 닿자, 순간, 멈칫하는 미경의 얼굴.

하지만 정작 그런 미경을 멈추게 만든 건, 그녀와 눈이 마주친 빨간 불빛.
건물 뒤편의 외벽에 달려 있던 CCTV였다.

병을 쥔 손이 달달 떨리며 얼굴이 분노와 당혹감에 하얗게 질리던 찰나,

퍽, 그녀의 뒤통수를 가격하는 맥주병 박스에 나가떨어지는 미경.

하아하아… 그 숨소리에 스륵 눈을 뜨는 지은의 뿌옇게 서린 시야 속
시리도록 맑게 느껴지는 연푸른색 하늘 아래,
거친 숨을 몰아쉬는 상아의 얼굴.
그런 그녀를 보는 지은의 하얗게 질려 있던 얼굴에 온기가 감돌고…

박스를 내팽개쳐버린 상아, 미경의 난동에 다쳐 피가 흘러내리는
지은의 얼굴과 바들바들 떨고 있는 자그마한 손을 목도하는 그 순간,
가슴 깊은 곳에 묻어뒀던 분노가 일순간 터져오르는 얼굴인데…

일단 지은을 일으켜 감싸 안고, 문이 열린 미경의 차에서 키를 빼내
차 문을 잠가버리더니 그 키를 찾을 수 없는 곳으로 훅 내던져버린다.

그러곤 아이가 더 다치기라도 할까 안전하게 대피시킬 곳을 찾아나오는
상아의 모습 뒤로 바닥을 벌벌 기며 모멸감에 치를 떨던 미경이
깨져 있던 유리 조각을 들고 그녀의 등 뒤로 달려들어 휘둘러버리는데…

순간, 상아의 시야가 뿌옇게 흐려지고, 그런 그녀를 보는 지은의 눈빛도
아득해진다.

상아의 이마에서 흘러내리는 핏줄기가 그녀의 콧잔등을 주르르 휘감자
미경, 이제 와서 자기가 저지른 짓에 스스로 겁에 질린 듯
휘청이는 상아를 숨이 턱 막히는 얼굴로 보다 뒷걸음쳐 도망치고…

상아, 정신이 아득해지는 와중에도 아이를 떨어뜨리지 않으려 움켜쥔 팔.
건물의 뒷문을 발견하는 시선, 그 안으로 지은을 밀어넣는다.

문이 닫히는 그 찰나… 지은의 시야로 보이는 상아의 눈빛.
새하얀 얼굴에 내린 새빨간 핏빛 사이로 살기가 날카롭게 번뜩이는데…

#105 도로 - 장섭 차 안 / 낮

도로 위를 빠르게 달려가며 미친 듯이 액셀을 밟는 운전석의 장섭.
뒤에서 따라붙어 오는 강형사의 차를 본다.
조수석에 놓인 핸드폰에는 계속 강형사의 전화가 울리고 있는데…

순간, 무슨 생각인지 교차로에서 깜빡이를 켰던 방향과 반대 방향으로
끼익- 핸들을 틀어 그를 따돌려버린다. 차 내부를 울리는 거친 숨소리.

#106 교각 공사장 굴다리 밑 / 낮

퍽, 미경, 힐을 신고 도망가려다 발목을 접질려 넘어지고, '아악!'
무릎이 시뻘겋게 까진 고통에 단번에 일어나지도 못하는 와중에도

뒤를 쫓아오는 상아를 보자 구두를 벗어던지고 절뚝이며 가는데…

교각 공사장으로 향하는 미경의 뒤로 굴다리 아래의 어둠 속으로
성큼성큼 들어서던 상아의 발끝을 잡는 목소리.

지은 미쓰백…

파르르, 본능적으로 반응하는 손. 자석에 끌리듯 슥 돌아보는 상아.
어느새 그녀를 따라온 지은. 피투성이가 된 채 돌아보는 상아를 보자
가지 말라는 듯 애처롭게 눈물이 맺힌 얼굴.

마치 어떤 선택의 기로처럼 굴다리 밑의 어둠을 두고 마주 선 두 사람.
지은이 상아에게로 한 발짝 떼는 순간…

상아 김지은.

차가운 그 목소리에 자기도 모르게 멈춰 서는 지은.
지은의 시선 속, 어둠 속의 실루엣으로만 보이는 상아의 목소리.

상아 거기서 한 발짝이라도 더 움직이면… 나, 다시는 너 안 본다.

그 말에 마치 굳어버린 듯 움직임 없는 지은을 한동안 바라보던 상아.
눈가에 그렁그렁하게 맺히는 눈물, 차마 떨어지지 않는 발걸음.
하지만 결국 지은에게서 돌아서 한 발짝, 두 발짝 미경에게로 향하는데…

그런 상아의 뒷모습을 보는 지은,
그 자리에 멈춰 선 채 눈물이 주륵 흘러내리는 얼굴.

#107 교각 공사장 / 낮

미경, 부어오른 다리를 잡고 절뚝거리며 112와 스피커폰으로 통화 중인데…

미경 주소? 내가 지금 이 상황에서 주소를 대야 해? 니네가 알아서 찾아 와야 할 거 아냐!

그런 미경이 있는 곳으로 성큼성큼 당도한 상아의 싸한 얼굴.

미경 지금 그 여자 여기까지 왔다고. 어떡할 거야!

상아, 미경이 더 이상의 액션을 취할 새도 없이 그녀의 덜미를 잡아
다짜고짜 내팽개치더니 핸드폰을 뺏어 집어던져버리고선
방어도 못 하고 발버둥 치는 그녀를 퍽, 벽에 밀치더니 얼굴을 움켜쥔다.

서슬 퍼런 상아의 살기. 그녀의 집요함에 질린 듯 분노와 두려움이
뒤섞여 파르르 떨리는 얼굴로 노려보는 미경의 광기.

미경 그래. 한번 해봐. 어디 한번 끝까지 가보자고!

상아　　그 애, 어쩔 생각이었어?

미경　　…

상아　　진짜 죽일 생각이었어?

대답 없이 상아를 노려보는 미경의 입가에 비릿하게 번지는 조소.

미경　　왜, 갖고 싶니?

움켜쥔 손아귀에 힘이 들어가는 상아, 그녀가 가련하다는 듯 가만히 보던 미경.

미경　　그래. 처음엔 차라리 죽어버렸으면 했어. 근데… 이젠 아니야. 나도 몰랐는데, 때리면서 부대낀 몸정도 정이더라고. 그때 한 말 기억하지? 너, 그 애 데리고 살 생각이었다면, 미안한데, 나 걔 절대 못 놔.

아찔한 상아의 숨결이 점점 가빠지기 시작하자, 마치 약 올리듯…

미경　　걔가 내 보험이거든. 아주 평생 뽑아먹을 거야. 두고 봐!

정말 진심 같아 소름 끼치는 미경의 얼굴에 숨이 턱 막히는 상아.
흐읍, 붙잡고 있던 목을 그대로 움켜쥐는 살기 어린 눈빛.

#108 교각 공사장 앞 도로 - 장섭 차 안 / 낮

부아아앙! 액셀을 밟을 수 있는 끝까지 밟아서 달려가던 장섭.
순간, 전방에 뭔가를 발견하고 액셀에서 발을 떼 브레이크를 밟는데,
멀찍이 길가에 우두커니 선 지은의 모습에 흡, 숨이 탁 멎는 얼굴.

끼익- 도착하는 차가 마치 그를 뱉어내듯, 튀어나와 지은에게 달려가는 장섭.
눈물로 얼룩진 얼굴과 만신창이가 된 모습에 억장이 무너지는 눈빛.

장섭 괜찮나? 이게 어떻게…

추위에 바들바들 떨고 있는 아이에게 파카를 일단 벗어 감싸주는 장섭.

장섭 일단 차에 타자.

그런데 장섭이 잡아끌어도 그 자리에서 꿈쩍도 하지 않으려는 지은.
덜덜 떨리는 아이의 손가락이 굴다리 너머를 가리키고…
순간, 불길한 예감에 슥 그곳을 돌아보는 장섭의 핏발 선 눈빛.

#109 교각 공사장 / 낮

새파랗게 질려 곧 숨이 넘어갈 듯한 미경을 보는 상아의 핏발 선 눈빛.
머리와 가슴을 관통하는 갖가지 감정들 속, 분노와 증오를 지우는
눈물이 흐르던 순간, 상아의 손에 서서히 힘이 풀려오는데…

그때, 살기 위해 아래서 바동거리던 미경의 손에 뭔가 잡히자
순간 두려움이 싹 가시고 악에 받쳐 상아에게 퍽, 휘둘러버리는데,
머리를 가격당한 상아가 휘청하던 그 순간을 놓치지 않고
손에 잡히는 공사장 집기들을 닥치는 대로 던지기 시작하는 미경.

물러서던 상아가 휘두른 날카로운 집기가 번쩍 미경의 눈앞을 스치자
비명에 얼굴이 일그러지는 미경의 빈틈을 놓치지 않고
그대로 미경의 다리를 잡고 넘어뜨려 같이 뒹굴어버리는 상아.

파편들이 뒹굴고 있는 거친 공사장 바닥에 긁혀 손과 다리에서 피가 스며도
마치 감각을 잃은 사람처럼 눈 하나 깜짝 않던 상아.

미경 너라고 뭐 다를 거 같아?!

이를 악물고 파편 하나를 움켜쥐더니 그대로 미경의 다리에 내리찍는데…
악! 비명에 다리를 움켜쥐며 벌벌 기는 미경을 집요하게 놓지 않고
그 다리를 턱 잡고 위로 올라타더니 그 머리 위로 퍽, 병을 깨버리자
와장창 깨지는 파편들과 기절한 듯 움직임이 없는 미경의 얼굴.

헉헉… 거친 숨을 몰아쉬며 얼굴에 피를 슥 닦고 그녀를 내려보던 상아.
그 시선 끝에 미경의 머리맡에 흩어진 날카로운 파편이 보이는데,
그걸 보던 상아의 눈빛이 파르르 떨리던 끝에 결국 집어들고야 마는 손.

미경 위에 올라탄 채 흉기를 든 상아의 손이 덜덜 떨리기 시작하고,
점점 호흡과 맥박이 빨라지며 눈앞이 흐릿해지는 상아의 시선.
그런데 그때, 정적을 깨고 누군가 달려오는 소리에 슥 돌아보는 얼굴.

장섭이다.
헉, 숨이 멈춘 듯 굳어버린 그의 시야에 느린 시선으로 비친 상아의 모습.

피와 눈물로 범벅이 된 얼굴. 그 순간의 상아는 더 이상 망설일 것이 없다.
이를 악물고 미경의 위로 그대로 파편을 내리꽂으려는 순간,
퍽, 달려들어 그녀에게 몸을 날린 장섭, 상아와 함께 뒹굴어버린다.

장섭, 몸부림치는 상아의 두 팔을 잡아 제압한 채 벽으로 밀어붙이는데,
끓어오르는 감정에 숨을 몰아쉬지도 못해 시뻘겋게 달아오른 상아의 얼굴.

상아 놔, 놔!

한동안 울분을 주체하지 못하고 몸부림치는 상아의 두 팔을 붙든 장섭.
결국 주체할 수 없는 감정을 쏟아내고야 만다.

장섭 제발…!

그의 핏대 선 눈빛, 상아를 제압하는 과정에서 날카로운 것에 긁혀 피가 흘러내리는 얼굴을 보자 그제야 잠잠해지는 상아의 숨결. 만신창이가 된 그녀를 바라보는 장섭의 눈빛이 파르르 떨리던 끝에…

장섭 제발… 인생 그만 좀 벼랑 끝으로 처달리고 남들처럼 그냥 잘… 편하게 좀 살아달라고! 그게 그래 어렵나! 시바…

그들의 오랜 역사를 관통하는 장섭의 짱한 목소리가 남긴 여운 속, 고요한 바람 소리만이 상아의 귓전을 울리고, 이내 그런 그들을 재촉하듯 마치 환청처럼 멀리서 가까워지기 시작하는 사이렌 소리.

상아 미안…

나즈막이 떨리는 그녀의 목소리가 심장을 찌르듯 목이 메는 장섭. 한동안 생각과 마음을 가다듬듯 방황하던 눈동자.

일단 자신의 옷소매로 피로 얼룩진 그녀의 얼굴과 손을 닦아내더니 그녀가 쥐고 있던 유리 파편을 뺏어 지문을 지워내고선 현장에 남을 만한 그녀의 흔적들을 닥치는 대로 지우려는 모습. 그리고 그녀를 일으켜 세우더니 차 키를 꺼내 그녀의 손에 쥐여준다.

장섭 가라.

상아 …

장섭 지금 당장 저 아 앞에서 수갑 차는 꼴 보이고 싶지 않으면, 일단 여기는 내가 알아서 처리할 테니까. 가라고!

상아가 꿈쩍도 않자, 결국 덥석 그녀의 팔을 잡아끌고 가는 장섭.
이 지옥과의 경계선 같은 굴다리 쪽을 향해 밀치듯이 보내버리고선…

장섭 해라, 엄마. 단 며칠이라도.

입술을 깨물던 상아. 순간 아득해지는 그녀의 시선이 향하는 곳엔
아직 그 자리에서 하아… 입김을 뿜으며 망부석처럼 기다리는 지은이 있다.

그 모습에 가슴속에서 뭔가 터진 상아의 얼굴이 묘하게 일그러지는데,
그 얼굴은 웃는 것 같기도, 우는 것 같기도 하다.

#110 굴다리 밑 / 해 질 무렵

어둠이 서서히 밀려들기 시작하는 해 질 무렵의 서늘한 공기.

한 발짝, 두 발짝 지은에게 다가서는 상아. 물끄러미 지은을 내려다보다
그들이 만난 이후 처음으로 무릎을 낮춰 그녀와 눈높이를 맞춘다.
피투성이가 된 손으로 아이의 손을 잡는데…

상아 이런 나라도…

그런 상아를 가만히 보는 지은의 눈에 눈물이 맺힌다.

상아 같이 갈래?

마치 구애의 대답을 기다리듯 파르르 떨리는 상아의 눈빛에
화답하듯 그녀의 손을 잡는 지은의 조그마한 손.

지은 같이… 가요…

그 말에 결국 울음이 터져버린 상아. 다시는 놓치지 않으려는 듯
아이의 손을 움켜쥔 그녀의 피투성이 손등 위로 후두둑 떨어지는 눈물.

#111 교각 공사장 앞 도로 / 밤

요란한 사이렌 소리와 함께 도착, 헤드라이트를 밝힌 경찰차에서 내린
강형사와 김형사. 뭔가를 목격한 일순간 모두가 뻥해지는 얼굴.
옷과 손에 핏자국이 가득한 장섭이 수갑을 채운 미경을 들쳐업고 있다.

강형사 형님…

장섭, 길가에 세워뒀던 자신의 차가 없어진 걸 보는 시선.
입가에 희미하고도 씁쓸한 미소가 번지는 얼굴에서…

FO.

#112 에필로그 - 후남 집 / 낮

FI.

창밖으로 싱그러운 잎사귀들과 꽃잎들이 앞다퉈 빛을 발하는 봄날.
아침의 볕이 새어드는 고요 속에, 깨끗하고 폭신해 보이는 이불에
파묻혀 있던 얼굴이 스륵 눈을 뜬다.

환하고 건강해진 얼굴에 훌쩍 커버린 것처럼 보이는 모습의 지은.
어떤 꿈이라도 꾼 걸까. 눈 뜨자마자 누군가 찾듯 주위를 두리번거리는데,
그 뒤로 주방에서 분주하게 뭔가를 만들고 있던 후남.

후남 밥 무라.

후남, 거실에 놓인 상에 반찬을 갖다놓으며 텔레비전 속 뉴스를 보는데,
미경과 일곤의 형이 확정되었다는 기사와 아나운서의 멘트.

후남 지랄…

투덜투덜 발가락으로 탁 텔레비전을 꺼버리고 돌아서는 뒤로,
테이블 위에 놓인 서류. 장섭의 호적 아래로 지은의 이름이 보인다.
까치집 지은 머리에 추리닝 차림으로 배를 북북 긁는 장섭이
상 앞에 앉더니 눈곱을 떼며 지은을 부른다.

장섭 밥 무라.

지은 앞에 놓인, 따뜻한 온기가 느껴지는 정성스럽게 차려진 밥상.
김치를 쫙쫙 찢어 지은의 밥 위에 얹어주는 후남.
셋이 둘러앉은 모습이 평범하고 행복한 가족 같아 보인다.

#113 에필로그 - 학교 몽타주 / 낮

여느 아이들과 같이 평범하게 학교생활을 하는 지은의 모습.

예쁜 필통과 깨끗한 공책을 앞에 놓고 삐뚤빼뚤 글씨를 쓰고,
호기심 어린 얼굴로 선생님 말씀을 경청하기도 하고,
종이 울리면, 와아- 친구들과 같이 달려나오기도 하고,
체육 시간이면 힘껏 공을 던져보기도 하고,
친구들이 장난을 치면 웃어 보이기도 하는 얼굴이지만…

그 끝에 모두 하교한 시각, 텅 빈 운동장 구석에 쭈그려 앉은 지은의 뒷모습.
언젠가 늘 상아가 우두커니 앉아 있곤 하던 그 모습과 같다.

지은, 어느 순간 고개를 들어 청명하게 내리쬐는 햇살을 눈부신 듯
바라보는 얼굴 한편에 드리우는 쓸쓸한 그림자.

#114 에필로그 - 학교 뒷문 / 낮

터덜터덜 무거운 발걸음으로 학교를 나오는 지은의 뒷모습.
뒷문으로 나가려는데, 경비 아저씨가 누군가를 보고 궁시렁댄다.

경비 어이, 아줌마. 여기 '금연' 써진 거 안 보여요?

그 말에 돌아보는 지은의 얼굴, 누군가를 보는 눈이 커진다.

경비 아줌마!
지은 아줌마… 아니에요!

당돌한 목소리, 잉? 하던 경비 아저씨가 옆에 있던 지은을 보면,
어느새 환해진 얼굴로 아저씨를 밀어내고 막아선 채
일렁이는 감정들이 가득한 눈빛으로 시선이 향하는 곳엔…

역시나 꾸부정하게 쭈그려 앉은 뒷모습. 주머니에 손을 찔러넣은 채
담배를 피우던 상아가 슥 일어나, 잠시 망설이던 끝에 지은을 돌아본다.

여전한 얼굴, 여전한 모습이지만, 씨익 입가에 번지는, 처음 보는 그녀의 미소.

언젠가 지독하게 어둡고 춥던 겨울밤 아래 처음 마주 섰던 두 사람,
이젠 따뜻한 봄 햇살 아래 다시 마주 섰다.

엔딩 타이틀.

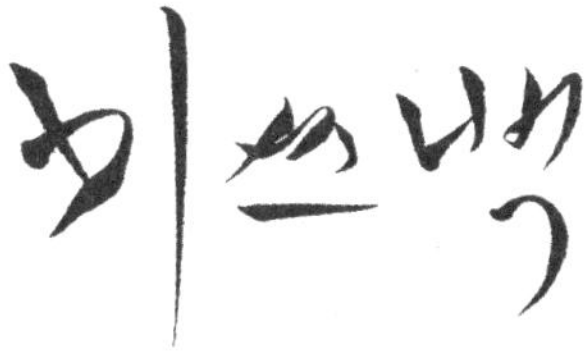

미쓰백 시나리오

1판1쇄 펴냄 2019년 3월 4일

각본 이지원
표지 사진 디자인 色(색), 목정욱

원작 영화 〈미쓰백〉

자료제공 배 영화사

펴낸이 김경태 | **편집** 홍경화 전민영 성준근 | **디자인** 박정영 김재현 | **마케팅** 곽근호 윤지원
펴낸곳 (주)출판사 클
출판등록 2012년 1월 5일 제311-2012-02호
주소 03385 서울시 은평구 연서로26길 25-6
전화 070-4176-4680 | 팩스 02-354-4680 | 이메일 bookkl@bookkl.com

ISBN 979-11-88907-51-9 04680
979-11-88907-50-2 04680 (세트)

이 도서의 국립중앙도서관 출판예정도서목록(CIP)은 서지정보유통지원시스템 홈페이지(http://seoji.nl.go.kr)와 국가자료공동목록시스템(http://www.nl.go.kr/kolisnet)에서 이용하실 수 있습니다.(CIP제어번호: CIP2019003829)